HISTOIRE

D'ALENÇON.

HISTOIRE

D'ALENÇON.

Cette illustre cité, que le Ciel favorise.
HAYER DUPERRON.
Les Palmes du Juste, poëme.

A ALENÇON,

Chez MALASSIS le jeune, imprimeur,
place du Cours.

AN XIV. — 1805.

Gilles Bry-de-la-Clergerie donna, en 1620, *une histoire du comté du Perche et du duché d'Alençon*, pleine de recherches très-curieuses. Joseph-Jean-Baptiste Mallard de Malarville fit imprimer, en 1757, le *prospectus* d'une histoire d'Alençon, qu'il annonça, et qui n'a jamais paru. Pierre-Joseph Odolant-Desnos a fourni sur la ville d'Alençon des *mémoires historiques*, imprimés en 1787, aussi exacts que savans. Il a laissé, en mourant, une suite de mémoires sur la même ville, que M. Desnos, son fils, a bien voulu me communiquer. Ces mémoires, tant imprimés que manuscrits, se trouvent mêlés à un tas énorme de décombres sur la féodalité, et à d'inutiles généalogies fort embrouillées. J'ai entrepris de dégager ces matériaux précieux, pour en former une histoire d'Alençon qui fût aussi claire que précise. J'ai négligé les petits évènemens qui rendent l'histoire ennuyeuse ; mais je n'ai point omis les traits frappans qui la rendent intéressante. Je l'ai divisée par livres et par chapitres, afin que la table seule de ces livres et chapitres pût servir en même temps de table de matières. Dans le premier livre, je traite de la position d'Alençon ; dans le second, des seigneurs d'Alençon, de la maison de Bellême ; dans le troisième, des seigneurs d'Alençon, de la maison de Montgommery ; dans le quatrième, des seigneurs d'Alençon, de la maison royale de France ; dans le cinquième et dernier, je donne la description d'Alençon. Je n'ai point voulu salir les marges d'autorités et de citations, parce que je n'ai point cru qu'un historien fût capable de faire un mensonge, ni qu'on osât même l'en soupçonner. Je n'ai point mis au bas des pages de ces longues notes qui interrompent le discours, coupent les phrases, fatiguent le lecteur, et qui annoncent bien la paresse de l'écrivain, qui, avec un peu de travail, aurait pu les fondre dans le texte.

HISTOIRE D'ALENÇON.

LIVRE PREMIER.

Position d'Alençon.

CHAPITRE PREMIER.

La Ville d'Alençon est assise sur la Sarthe.

On dirait que la ville d'Alençon est une des plus anciennes et des plus belles villes du globe. Son nom dérive infailliblement des Aulerces dont parle César. Ce nom a été porté par ses seigneurs jusqu'au fond de la Syrie. Le cri de guerre *Alençon* est presque aussi ancien dans les batailles, que l'oriflamme et la bannière de Saint Denis. Des ponts jetés sur la Sarthe font communiquer le Maine avec l'ancienne Normandie. Des routes bien alignées font communiquer Brest avec Paris.

Les maisons d'Alençon sont bâties de granit. Les rues sont pavées d'albâtre, dit M. Desmarest. En marchant sur le sable de *quartz* et de *mica*, on croit marcher sur de la poussière d'argent. Les diamans y brillent comme au royaume de Golconde. On y trouve le *petunzé* et on en tire le *kaolin*, qui servent à faire la porcelaine. On y fabrique les plus belles dentelles de l'Europe.

Il faut pourtant en rabattre un peu : la ville d'Alençon est très-nouvelle. Le granit brillant de *mica* se ternit à l'air, se couvre de lichens et prend une teinture très-brune. Les rues ne sont pavées que d'un grès fort commun. Les diamans ne sont que des cristaux enfumés, qu'on blanchit dans un creuset avec du suif. Le *kaolin* ne sert qu'à fabriquer la plus grossière poterie, et, en tems de guerre, les brillantes ouvrières qui travaillent pour l'ornement des toilettes des plus grandes princesses de l'Europe, ont quelquefois bien de la peine à se procurer des sabots et du pain.

Les géographes diffèrent de quelques minutes sur la position d'Alençon. Je suivrai tout simplement Vosgien, qui place Alençon à 17 deg. 45 min. de long., et à 48 deg. 25 min. de lat., sur la Sarthe, à l'embouchure de la Briante.

CHAPITRE II.

La Ville d'Alençon n'est pas fort ancienne.

La ville d'Alençon ne peut pas se glorifier d'une haute antiquité. César, qui parle des Aulerces dans ses commentaires, ne nous dit rien qu'on puisse appliquer à Alençon. Les Aulerces s'étendaient depuis Évreux jusqu'au Mans. Les uns s'appelaient Aulerces éburons, les autres Aulerces cénomans : ceux qui habitaient ce pays-ci s'appelaient *Aulerci diabliti, diablitæ*. César les appelle *Diabletes*, et Pline *Diablindi* (*). Le chef-lieu de ces Diabletes est inconnu ; mais il paraît qu'ils habitaient les confins de la Normandie et du Maine, depuis Mayenne jusqu'au Perche. Si Alençon avait été la cité de ce peuple, si César l'avait détruite, comme le prétend M. Desnos, il en aurait parlé, comme il a parlé de Vannes, de la révolte de cette ville et du supplice de ses sénateurs, qui n'honore pas son humanité.

Les Diabletes, ou Jublains, n'étaient certainement pas fort contens de porter le joug des Romains ; ils se révoltèrent et se réunirent avec les peuples voisins pour recouvrer leur liberté. César envoya contre eux *Sabinus*, un de ses lieutenans, avec trois légions. Ces peuples ligués furent battus, et les habitans de la Sarthe forcés de recevoir des lois des habitans du Tibre. Je

_____

(*) *On ne doit pas*, dit l'abbé Lebeuf, *faire de réflexions badines sur la racine de ce nom.*

n'entreprendrai point de fixer le champ de bataille. Les uns le placent auprès de Bellême, les autres au Châtelier près de Seès, sur de victorieuses raisons tirées des noms des paroisses voisines, Mont-Merré et le Cercueil; lorsqu'il est certain que Mont-Merré, *Mons Mæroris*, tire son nom d'une chapelle dédiée à la Vierge, et le Cercueil de sa forme circulaire.

Auguste divisa ce pays, dont Lion fut la capitale. Dioclétien fit une nouvelle division, établit une seconde province lionnaise, dont Rouen fut la métropole. Ce département fut divisé par diocèses, Evreux, Lisieux, Seès, Bayeux... et il n'est point fait mention d'Alençon, qui n'existait point encore.

Rome païenne avait donné des lois à l'univers. Rome chrétienne, voulant régner d'une façon plus douce sur les consciences, envoya des missionnaires dans la seconde lionnaise. Différentes églises s'établirent dans la province. On suivit exactement la division civile pour le gouvernement ecclésiastique. Les évêchés répondirent aux diocèses. Un siège épiscopal fut établi à Seès, ou peut-être à Exmes. Alençon n'était encore rien.

Les successeurs de Clovis, qui avait conquis ce pays sur les Romains, en firent une nouvelle division par comtés, vicaireries et centenies. Un comté fut établi à Exmes; une vicairerie à Corbon, qui n'était qu'un pauvre village, et on n'établit qu'une centenie à Alençon, qui devait être bien peu de chose.

Alençon n'est devenu mémorable que depuis la conquête des Normands et la donation qui en fut faite à un seigneur de Bellême.

CHAPITRE III.

Granit, premier sol d'Alençon.

JE ne considère point l'antiquité absolue de la masse sur laquelle repose Alençon. Je considère seulement l'antiquité relative des différens sols, comme un carrier considère les différentes couches de terres et de pierres, ou comme un architecte considère les différens étages d'une maison.

Si la ville d'Alençon n'est pas fort ancienne, le terrain sur lequel elle est assise l'est un peu plus. Le granit paraît être le premier sol d'Alençon; et cette pierre, que je crois postérieure à la roche, au *quartz* pur, est néanmoins une des plus anciennes du globe, suivant tous les minéralogistes. On ne trouve dans le granit aucune espèce de coquillages, aucune empreinte, aucune trace de productions marines. Les prêtres égyptiens, qui croyaient que le granit était une production de la mer, comme les pierres calcaires, étaient forcés de soutenir que les particules qui le composent avaient été totalement broyées, sans qu'il fût resté aucune apparence de coquillages.

Le granit occupe à Alençon les lieux les plus bas. La Sarthe coule à Saint-Germain sur le roc même de granit, qu'elle traverse et paraît avoir percé avec effort à Saint-Cénery. Si le granit s'élève quelquefois en rocs escarpés au-dessus du niveau de la Sarthe, si on le trouve dans les campagnes, on ne le trouve point sur les coteaux d'Écouves, sur la butte de Chaumont, comme dans beaucoup d'autres pays, où il forme la cime des plus hautes montagnes.

Le granit d'Alençon n'est point composé de ces masses énormes, sans fentes ni sutures, telles que les masses graniteuses de l'Egypte, des Alpes et des Vosges. Ce granit est coupé par des fentes perpendiculaires et par d'autres fentes horizontales, ou inclinées, qui paraissent annoncer des couches différentes, indiquer l'ouvrage des eaux, et confirmer l'opinion des prêtres égyptiens.

Le granit d'Alençon n'est pas non plus ce beau granit rouge d'Egypte, dont il reste de si superbes monumens. C'est un granit gris, composé de *quartz*, de *feld-spath*, de *mica* et de quelques autres substances qui sont liées par un ciment plus ou moins fort, ce qui rend ce granit plus ou moins dur. On en tire des pierres pour la bâtisse, des meules et des jattes de pressoir, des bassins, des cuvettes, des croix pour les cimetières, et des bornes pour marquer les distances sur les grandes routes.

CHAPITRE IV.

Poudingues et granitin, second sol d'Alençon.

Ceux qui voudront savoir, dit M. Desnos, *si les eaux de la mer ont long-tems couvert ce pays, en trouveront des preuves de tous côtés aux environs de la ville.*

Le second sol d'Alençon est une espèce de poudingues, de granitin, qui ne peut être que l'ouvrage des eaux, qui ont détaché du granit des morceaux de *quartz*, les ont battus, frappés, roulés, arrondis, assemblés, accumulés, et en ont formé des masses.

Au milieu de ces masses, la mer a déposé çà et là ses propres productions, différentes espèces de coquillages, qui sont unis à ces masses par le plus dur ciment, et qui sont devenus étincelans sous l'acier.

Les carrières de cette espèce de poudingues sont aux environs de la route de Bretagne, qui en est pavée. On y trouve des gryphites, des buccins, des oursins, des cornes d'Ammon, des pétoncles, des cœurs de bœuf et des manches de couteau. J'ai entre les mains une huître très-entière, dont les écailles ont encore leurs inégalités, leurs rugosités, parfaitement conservées : on en trouve beaucoup de semblables.

CHAPITRE V.

Pierres calcaires, troisième sol d'Alençon.

Les nombreux coquillages qui se trouvent mêlés avec les pierres qui composent le second sol d'Alençon, ayant été pénétrés d'un suc lapidifique, de la nature du silex, sont devenus étincelans soûs l'acier. Ces coquillages, ainsi que les pierres qui les contiennent, sont d'une formation postérieure au granit; mais ils sont d'une formation bien antérieure aux matières purement calcaires.

Ces pierres calcaires, qui forment le troisième sol d'Alençon, ont conservé leur nature primitive; elles sont telles que la mer les a produites.

Une preuve bien certaine que toutes ces pierres calcaires sont une production immédiate de tous les insectes qui peuplent le fond des mers, qui s'y forment une enveloppe, un toit, qui y bâtissent des loges et des cellules, c'est qu'elles sont de même nature que les coquilles; c'est qu'elles sont mêlées de coquilles entières ou brisées; c'est que quelquefois elles ne sont qu'une réunion de petites coquilles.

Les plaines d'Alençon, du côté de Saint-Paterne, sont remplies de pierres calcaires, dont on fait de la chaux à Saint-Paterne, et dont on pave la route de Mamers. On trouve dans ces pierres tous les coquillages dont nous avons parlé, des buccins, des oursins, des cornes d'Ammon, des cœurs de bœuf... J'ai entre les mains un morceau de différens coquillages réunis, au milieu desquels se trouve une écaille d'huître parfaitement cristallisée.

CHAPITRE VI.

Sables et glaises, quatrième sol d'Alençon.

Comme les pierres sont des particules de sable réunies, les sables sont des particules de pierre détachées. On trouve aux environs d'Alençon autant d'espèces de sables qu'il y a d'espèces de pierres. Lorsque les eaux ont détaché des particules de granit, qu'elles les ont entraînées et accumulées, elles ont formé les carrières de sable graniteux, de ce beau sable brillant de *mica*, qui décore les jardins; lorsqu'elles ont détaché des particules de grès et de granitin, qu'elles les ont entraînées et accumulées, elles ont formé des carrières d'un sable vitreux beaucoup plus fin; lorsqu'elles ont détaché des particules de pierre calcaire, qu'elles les ont entraînées et accumulées, alors elles ont formé des carrières de sable calcaire.

Les glaises d'Alençon sont formées de la décomposition du granit, du granitin, du grès et des pierres calcaires. On distingue de trois sortes de glaises : une glaise très-pure formée du *quartz*, qui entre dans la composition du granit, on pourrait en faire de la porcelaine; une glaise moins pure, qui a pris la couleur jaune par la dissolution du fer, on en fabrique une poterie grossière; une glaise encore plus mélangée, brunie par une forte teinture de fer, on en fabrique de la tuile et du pavé.

CHAPITRE VII.

Terres végétales, cinquième sol d'Alençon.

Les sables, les glaises, mêlés à la dissolution des corps organisés, composent les terres végétales. Si le sable domine, la terre est légère. Si la glaise domine, la terre est compacte. La meilleure terre végétale se compose de la juste proportion de l'un et de l'autre, avec un mélange suffisant de terreau, provenant de la décomposition des corps vivans et organisés.

La campagne d'Alençon est couverte d'une couche plus ou moins épaisse de terres végétales. Cette campagne s'est enrichie des dépouilles des coteaux qui l'environnent. Les eaux ont détaché les terres végétales de la butte de Chaumont, des coteaux d'Écouves et de Perseigne, et les ont entraînées dans la campagne. La Sarthe, qui prend sa source au-dessus de Mortagne, a charié une partie des terres végétales de l'ancien Perche, et les a déposées sur le sol d'Alençon, où elle coule si lentement dans son lit tortueux, qu'on la croirait stagnante. La Briante, qui descend avec rapidité de la forêt d'Ecouves, entraîne les feuilles, les bois pourris, tous les débris des végétaux, et les dépose dans la campagne d'Alençon, où elle ralentit son cours.

La terre végétale a pris de si grands accrois-semens dans les bas fonds, qu'elle a une épaisseur prodigieuse sur les bords de la Sarthe, de la Briante; et dans plusieurs endroits de la campagne, jusqu'à deux mètres de profondeur.

CHAPITRE VIII.

Les eaux d'Alençon.

LES meilleures eaux sont celles qui sortent du sein des rochers, qui coulent sur les sables les plus purs. Lorsqu'elles stagnent sur le limon, qu'elles baignent long-tems les racines amères des végétaux, elles ne sont plus limpides, et prennent le goût désagréable de la tisane.

La médecine peut faire quelque cas des eaux minérales des environs d'Alençon, de celles de Forges et de celles de Saint-Germain; mais les eaux communes, qui ne doivent avoir ni odeur ni couleur sensible, ne valent rien à Alençon.

Quoi qu'en dise Papire Masson dans sa description des fleuves,

Venimus ad Sartam, quo non est purior alter.

l'eau de la Sarthe n'est pas bonne; parce qu'elle ne vient pas de loin, qu'elle n'a pas eu le tems de se purifier à l'air, qu'elle coule lentement, que son fond dans quelques endroits est un limon fort épais, que ses bords sont couverts de végétaux qui l'ombragent, et sur-tout d'une trop grande quantité de plantes aquatiques, qui la teignent et lui donnent un mauvais goût.

Les eaux de la Briante ne sont pas meilleures; elles prennent naissance dans les marécages de la forêt d'Ecouves, sortent lentement du milieu des mousses, serpentent sous les saules et les aunes, sur un limon des feuilles pourries du bouleau et du *robur*, qui interceptent quelquefois leur cours, les noircissent, et les corrompent.

L'eau des puits ne vaut pas mieux; elle est dure, crue, pesante, et très-chargée de sel sélénite. Il se trouve peu de fontaines à Alençon. Il y en a une très-belle au haut de l'Ancrel; mais trop éloignée de la ville, qui ne profite qu'aux habitans du faubourg, et une autre à la Poterne. Il serait très-facile de conduire les eaux de la fontaine de l'Ancrel sur la belle place Bonaparte, dans la rue aux Cieux, et dans la partie la plus peuplée de la ville.

CHAPITRE IX.

Végétaux d'Alençon.

On peut dire que Flore a répandu dans ce pays ses plus précieuses richesses, qu'elle y règne dans toute sa beauté, que sa couronne est ornée des plantes les plus rares. L'auteur de *la Flore de l'Orne* a bien pu ranger toutes ces plantes dans l'ordre le plus naturel, d'après les plus ingénieuses classifications; mais cette Flore, artistement parée, n'est point encore aussi belle que la Flore de la Nature dans tout le désordre de sa parure.

Je ne parle point des plantes qui couvrent la cime des montagnes, du *quercus-robur* qui implante ses racines dans les fentes des rochers, et qui élève une belle tige jusqu'aux nues; du *sorbus avicularis* extrêmement multiplié; du *caprifolium* qui réunit ses tiges sarmenteuses, les entrelace, et forme dans la forêt d'Ecouves les plus belles arcades, lorsqu'il est en fleur.

On trouve dans la campagne d'Alençon une quantité prodigieuse de plantes, dont les unes sont fort rares ailleurs, et dont les autres subissent d'étranges variétés; on y trouve le *gnaphalium dioicum* et le *gnaphalium luteo - album*, la *gentiana lutea*, le *plantago* à feuilles de *coronopus* et le *plantago* à feuilles linéaires: on y voit souvent le *rubus*, ainsi que le *bellis perennis*, prendre un singulier accroissement de pétales, et y devenir doubles spontanément.

CHAPITRE X.

Animaux d'Alençon.

Comme les végétaux sont abondans dans ce pays, la nature doit y être riante et animée. On doit y voir les nombreuses familles des insectes qui attaquent les plantes, les différentes espèces d'oiseaux qui vivent de graines et d'insectes, le pesant reptile et le léger quadrupède.

Les insectes extrêmement nombreux reluisent de bronze, d'or et d'azur. La Nature a versé les nuances les plus variées sur les ailes des papillons et des phalènes. Le buprest vert-doré court avec légèreté au pied de la plante, lorsque le sphinx-épervier vient, avec la rapidité d'une flèche, pomper le suc des fleurs, sans jamais se poser; mais, en considérant les insectes dans leurs rapports d'utilité, la plupart sont très-nuisibles. Les uns dévorent les racines des plus précieux végétaux, les autres attaquent la tige, les autres dépouillent les feuilles (*). Le charançon mange votre pain. La vrillette perce votre table, et la teigne ronge votre habit.

Les oiseaux, qui sont peut-être le plus bel ornement de la nature animée, considérés dans leurs rapports avec l'homme, sont extrêmement

---

(*) Souvent, au milieu de l'été, le pommier, cet arbre si précieux, dévoré par les chenilles, présente l'image affligeante de l'hiver et de la mort.

utiles.

utiles. Les moineaux et les corneilles, les deux espèces les plus multipliées dans ce pays, bien loin de nuire à l'homme, lui rendent les plus grands services. Pendant l'été, les troupes de moineaux répandus dans les campagnes détruisent des armées de chenilles qui dévoreraient tous les végétaux ; lorsque les corneilles qui se sont retirées dans les forêts d'Ecouves et de Perseigne, pour y faire leur ponte, détruisent les reptiles les plus dangereux et dévorent les charognes qui infecteraient l'air. Pendant l'hiver, des nuées de corneilles couvrent les campagnes pour détruire les mauvaises graines, sur-tout celles du *poligonum aviculare*, extrêmement nombreuses ; lorsque le moineau se rapproche de vos greniers pour dévorer les charançons et leurs larves, au dépens de quelques grains de blé (*).

Tout se compense, tout se soutient dans la nature ; le hideux reptile a son genre d'utilité, en ce qu'il dévore beaucoup d'insectes toujours nuisibles ; et les reptiles sont dans ce pays en proportion des nombreux insectes. Entre tous ces reptiles, dans la classe des serpens, il n'en est

---

(*) Il est parmi les oiseaux domestiques un oiseau qui est célèbre dans le Cuisinier français et très-nombreux dans ce pays, dont le précieux duvet sert de lit à la mollesse, dont la chair délicate réveille l'appétit du gourmand, dont la graisse abondante assaisonne le potage du pauvre homme, et dont les plumes légères fixent la pensée fugitive de l'écrivain.

point de plus dangereux que la vipère, dont la morsure est mortelle, qui est très-multipliée dans la forêt d'Ecouves, où on la rencontre plus souvent que la couleuvre, qui est très-commune. Les vipères de cette forêt ne sont point aussi célèbres que celles de la forêt de Fontainebleau ; mais elles portent une aussi belle robe et ne sont pas moins dangereuses.

De tous les animaux le quadrupède est le plus utile à l'homme. Le cheval est le compagnon de ses voyages, le bœuf celui de ses travaux ; la vache lui fournit une partie de sa subsistance, et la brebis une partie de ses vêtemens ; mais, de tous les quadrupèdes, le cheval est le seul qui augmente et se perfectionne dans ce pays : les autres quadrupèdes y dégénèrent sensiblement. La vache, qui ne trouve point sur les coteaux d'abondantes nourritures, qui ne broute que la bruyère et l'airelle, qui ne fait que lécher les mousses, est devenue extrêmement petite. La brebis, souvent exposée aux pluies, et qui pâture quelquefois dans des lieux marécageux, n'a pas moins dégénéré. Il est un quadrupède, la terreur des bergers, qui porte souvent la désolation dans les villages ; c'est le loup, qui, malgré les chasses et les battues, est extrêmement multiplié dans les forêts d'Ecouves et de Perseigne.

CHAPITRE XI.

Premiers habitans d'Alençon.

Les bords rians de la Sarthe, les coteaux d'Ecouves et de Perseigne, n'auront pas été les derniers habités. Les premiers habitans du pays, livrés aux seules indications de la nature, se seront d'abord nourris des racines de *daucus* et de quelques crucifères ; des feuilles d'*oxalis*, d'arroches, de *brassica* ; des maigres épillets de quelques graminées ; des baies du fraisier, du *rubus*, de l'airelle ; des fruits acides du *mespilus*, du prunellier, de l'*oxi-acantha* ; de châtaignes et de quelques pommes sauvages.

Ils auront mangé avec délices les reptiles les plus dégoûtans, et qui ne l'étaient nullement pour des hommes qui n'étaient pas dégoûtés ; ils auront enlevé la tendre couvée des volatiles, auront couru après quelques quadrupèdes et seront devenus chasseurs.

La chasse est toujours pénible, quelquefois dangereuse. Les hommes auront enlevé la poule sur sa couvée ; auront emporté le veau, l'agneau, le chevreau ; auront fixé auprès de leurs habitations les espèces de quadrupèdes les plus doux, les auront conduits dans les plaines, sur les coteaux, et seront devenus pasteurs.

En faisant paître leurs troupeaux, les hommes auront remarqué quelques racines plus succulentes, quelques épis de graminées plus nourrissans, quelques fruits plus doux, plus agréables; ils auront transporté ces espèces auprès de leurs cabanes, les auront cultivées, les auront perfectionnées par la culture, et seront devenus agriculteurs.

Alors il aura fallu ramasser les fruits, les serrer, avoir des magasins, des greniers. Il aura fallu les protéger contre la rapacité, et les hommes se seront retirés dans les îles qui présentent la défense la plus naturelle. Il est certain que l'île du Boulevard, formée par la Sarthe, et celle de Jaglolay, formée par la Briante, ont été le berceau d'Alençon, comme la Cité a été le berceau de Paris.

CHAPITRE XII.

Faibles commencemens de la ville d'Alençon.

Les rassemblemens des hommes, leurs réunions, n'ont pas toujours eu la même destination. Il y a de trois sortes de villes sur le globe.

Les villes que le dieu Plutus fonda sur le bord de la mer, qui accumulent et engloutissent par le commerce toutes les richesses du monde : telles étaient Tyr, Sidon, Carthage....; telles sont Marseille, Lisbonne, Amsterdam....

Celles que le démon de la guerre éleva sur les montagnes, ceintes de murs épais, flanquées de grosses tours, d'où les seigneurs fondaient sur les campagnes voisines, comme l'oiseau sur sa proie : telles sont, dans ce pays, Mortagne et Bellême.

Celles que le génie des sciences et des arts posa dans de rians vallons, sur les bords fertiles des rivières. C'est là qu'on cultive toutes les sciences, que tous les arts utiles et agréables se sont réunis ; c'est là que règnent les plus brillantes déesses, Melpomène, Thalie, Euterpe, Terpsicore... : telles sont les villes de Londres et de Paris.

Le génie des arts et le démon de la guerre fondèrent ensemble la ville d'Alençon, sur la Sarthe, qui signifie couler, en langue celtique, à l'embouchure de la Briante, qui paraît tirer son nom du mot grec *bryo*, qui signifie aussi couler. Les premiers hommes peignaient les objets par leur langage, sans quoi ils ne se seraient pas fait entendre. Le génie des arts établit ses enfans pacifiques sur le bord de ces deux rivières, pour préparer les cuirs, blanchir les toiles et colorer les laines. Le démon de la guerre éleva une forteresse dans l'île du Boulevard, et un château à l'embouchure de la Briante, où il plaça ses terribles enfans, qui se répandaient souvent dans la campagne pour y porter la désolation et la mort.

Il y a beaucoup d'apparence que les Alains, qui se sont emparés de ce pays, bâtirent le fort de l'île du Boulevard, *Alenconium*, fort des Alains; à moins qu'on n'aime mieux tirer l'étymologie d'Alençon de *all*, qui en anglais signifie tout, et de *com*, qui en celtique signifie vallée et forteresse. Ce sont les seigneurs de la maison de Bellême qui ont commencé à bâtir le château sur la Briante.

LIVRE II.

Seigneurs d'Alençon, de la maison de Bellême.

CHAPITRE PREMIER.

Yves de Bellême.

La maison de Bellême a fourni cinq seigneurs à Alençon, Yves, Guillaume I, Robert I, Guillaume II, et Arnulphe. Yves de Bellême est le premier seigneur d'Alençon que l'on connaisse; il était le grand-maître des arbalétriers de France; c'était le colonel général de l'artillerie de ce tems-là: son rang, ses places l'appelaient souvent auprès du roi, qui tenait alors sa cour à Laon.

Il trouva à la cour Richard I, descendant du fier Rollon, duc de Normandie. Louis d'Outre-Mer, qui avait fait un voyage en Normandie, avait emmené Richard comme pour veiller à son éducation, et dans le fait pour le garder. Le jeune prince était prisonnier à la cour; il n'avait pas même la permission de sortir du château.

Yves de Bellême eut pitié de Richard, et concerta avec Osmond, son gouverneur, les moyens de le délivrer. Il fut convenu entre eux que le jeune prince ferait semblant d'être malade, afin d'avoir un peu plus de liberté et de mieux tromper ses gardes. La ruse réussit parfaitement. Il fut moins surveillé. On l'enveloppa dans un faisceau d'herbes, qu'on attacha derrière un cheval, comme un porte-manteau ; et, ainsi empaqueté, il sortit du château, traversa la ville de Laon, et se rendit promtement en Normandie, sur des chevaux qui avaient été préparés pour cela.

Richard, rentré dans ses états, ne manqua pas de récompenser magnifiquement, comme il le devait, l'auteur de sa liberté ; il lui donna Alençon et Domfront, sous la condition qu'il défendrait la Normandie, de ce côté-là, contre les incursions des Manceaux et des Bretons.

CHAPITRE II.
Guillaume Talvas I.

Après la mort d'Yves de Bellême, Guillaume, l'aîné de ses fils, posséda Bellême, Alençon et Domfront. Il fut surnommé *Talvas*. L'auteur de la chronique de Ponthieu prétend qu'il fut ainsi nommé de la terre de Tolvast, qu'il possédait dans le Cotentin ; mais Orderic Vital prétend qu'il fut ainsi nommé pour sa dureté, ce qui n'est point incroyable. Les surnoms qu'on donnait dans ces tems-là n'étaient pas toujours très-honorables. Nos rois s'appelaient *le Long*, *le Bref*, *le Gros*. Guillaume, duc de Normandie, s'appelait *le Bâtard ;* Jean Blosset, seigneur de Carrouges, est qualifié *de Borgne*.

En conséquence du traité fait avec Richard I, duc de Normandie, pour la défense de la frontière, Guillaume fit bâtir un château à Alençon, à l'embouchure de la Briante, et un autre à Domfront, sur un rocher presque inaccessible. Il paraît que le château de Domfront était alors plus considérable que celui d'Alençon, et c'était là que Guillaume faisait ordinairement sa résidence.

Guillaume avait un frère évêque du Mans, nommé Avesgaud, qui était presque toujours en querelle avec Hébert, comte du Mans, surnommé *Eveille-Chien*, apparemment parce qu'il était actif et vigilant. Talvas, qui prenait les intérêts de son frère, eut plusieurs guerres longues et cruelles avec Eveille-Chien. Le comte du Mans chassait l'évêque, et il fallait que Guillaume le rétablît.

Il paraît que l'évêque du Mans était un peu brouillon, et qu'il n'était pas très-scrupuleux observateur des canons. Il donnait quelquefois les bénéfices de l'église à des femmes; il s'adonnait beaucoup à la chasse, et, en courant le cerf, il tomba de cheval, s'écrasa le nez, où il lui vint un cancer dont il ne put jamais guérir.

Avesgaud avait succédé dans l'évêché du Mans à son oncle Sigefroi, qui ne valait pas beaucoup mieux; il prit dans sa vieillesse une jeune femme, nommée Hildeburge, dont il eut plusieurs enfans, auxquels il donnait les biens de l'église. On rapporte qu'étant malade, il se fit saigner, et qu'il coucha la nuit suivante, très-indiscrètement, avec sa femme, *cum episcopissâ*, dit un viel auteur, et mourut.

Le seigneur d'Alençon était très-bien à la cour de Robert, roi de France ; ayant accompagné ce prince, qui fit un voyage à Arles pour épouser Constance, il logea dans une abbaye de bénédictins. Un de ses officiers, qui aimait à boire, pénétra dans la cave du couvent, malgré les vives réclamations du prieur, qui criait de toutes ses forces : *Grand saint Benoît, dormez-vous, ou êtes-vous fâché contre vos enfans ?* Il paraît que le bon saint ne dormait pas, et qu'il veillait sur la cave de ses enfans. Le malheureux ivrogne fut puni sur-le-champ ; il ne sortit de la cave que pour entrer dans une maison voisine, où il fut la proie des flammes.

A son retour, Guillaume eut une guerre à soutenir contre Robert, duc de Normandie, qui avait apparemment oublié les services qu'Yves de Bellême avait rendus à sa maison. Robert vint assiéger Alençon en 1029, s'en empara, et força le seigneur de lui demander pardon, en chemise, nus pieds, et une selle de cheval sur le dos : c'était la mode de ce tems-là, afin que le vainqueur *chevauchât* le vaincu, s'il lui plaisait.

Cette profonde humiliation n'empêcha pas Guillaume d'avoir peu de tems après une nouvelle guerre avec Robert, qui avait promis une de ses sœurs en mariage à un des fils de Guillaume, et qui l'avait donnée à Mauger, vicomte du Cotentin.

La guerre recommença donc, et comme Guillaume, qui était trop âgé, ne pouvait se mettre à la tête de ses troupes, il en laissa le commandement à Foulques, son fils aîné. Il se donna un terrible combat dans les bois de Blavou, *cruentum prælium*, dit Guillaume de Jumièges. Les troupes de Talvas furent totalement défaites; Foulques, son fils aîné, y fut tué, un autre de ses fils dangereusement blessé, et le père, qui était resté malade dans son château de Domfront, apprenant ces tristes nouvelles, en mourut de chagrin.

Il fut inhumé dans l'église de Domfront, apparemment parce que l'abbaye de Lonlay, qu'il avait fondée à six kilomètres de cette ville, n'était point encore prête pour recevoir son corps; car les seigneurs ne fondaient ordinairement des abbayes que pour leur servir de tombeau, et n'y mettaient des moines que pour prier pour eux.

CHAPITRE III.

Robert I.

GUILLAUME laissa de son mariage avec Mathilde quatre fils, Robert, Varin, Guillaume et Yves; il laissa aussi un bâtard, nommé Sigefroi.

Robert eut pour partage Alençon et Domfront; il ne vécut pas fort long-tems; mais sa vie fut traversée par bien des peines : ce fut Avesgaud, évêque du Mans, qui en fut la principale cause. Cet évêque avait donné bien des peines à Guillaume son frère; mais il en donna bien plus à Robert son neveu : toujours en contestation avec le comte du Mans; il engagea Robert dans sa querelle.

Robert leva une armée pour défendre son oncle; il remporta d'abord quelques avantages sur le comte du Mans, et s'empara du château de Balon; mais le comte du Mans prit bientôt sa revanche, livra bataille à Robert, et le fit prisonnier.

Guillaume Giroye, seigneur d'Echauffour et de Montreuil-Largillé, dont le père avait rendu de grands services à Guillaume I, résolut d'en rendre aussi à Robert son fils, qui languissait depuis deux ans dans une cruelle prison. Il leva des troupes dans ses terres et dans celles de Robert, entra dans le Maine, battit le comte du Mans, fit prisonniers Gautier de Saldaigne et deux de ses fils, qui furent pendus, malgré ses représentations. Les autres fils de Saldaigne, indignés, coururent à la prison où le pauvre Robert était renfermé, et par représailles lui coupèrent la tête.

CHAPITRE IV.

Guillaume Talvas II.

Guillaume succéda à son frère Robert. Il y a beaucoup d'apparence que ce fut ce seigneur qui augmenta le château d'Alençon, qu'il entoura des eaux de la Briante, et qui éleva des tours pour sa défense. Il est au moins certain que la tour du *chevalier Giroye*, qu'on a démolie en 1782, existait de son tems.

Ce Talvas est bien un des plus méchans hommes qui aient jamais existé, s'il faut en croire Orderic Vital, qui ne l'aimait pas, parce qu'il n'était pas grand fondateur d'abbayes, et qu'il persécuta cruellement les Giroye, fondateurs de Saint-Evroult.

Il s'éleva une guerre cruelle entre le seigneur d'Alençon et Geoffroy, seigneur de Mayenne. On se battit de part et d'autre avec le plus grand acharnement, et Geoffroy fut fait prisonnier de guerre. Talvas ne voulut jamais rendre la liberté à Geoffroy, que le château de Mortagne, qui appartenait à Giroye, ne fût rasé. Giroye, qui avait rendu tant de services à la maison d'Alençon, n'y consentit qu'avec la plus grande peine : pour le dédommager, Geoffroy fit bâtir, à un myriamètre trois kilomètres d'Alençon, le château de Saint-Cénery, qu'il lui donna.

Voilà le commencement de la haine qui a existé si long-tems entre les seigneurs d'Alençon et ceux de Saint-Cénery, qui a causé tant de malheurs aux deux maisons, et affligé le pays pendant si long-tems.

Guillaume avait épousé Cudefort, fille d'un illustre chevalier. Cette femme, qui craignait Dieu, ne manquait pas de désapprouver la conduite de son mari, et de lui faire de tems en tems de fortes représentations. On dit qu'un jour, excédé de ses remontrances, il la fit étrangler en pleine rue, devant tout le peuple d'Alençon, lorsqu'elle allait à la messe.

Comme Guillaume avait beaucoup d'autres

moyens de se défaire de sa femme; nous croyons devoir révoquer en doute ce crime, rapporté par Guillaume de Jumièges, qui écrivait assez bien, mais qui manquait de critique. En voici un autre, dont il n'est pas possible de douter, et qui couvre sa mémoire d'ignominie.

Il se remaria à Hildeburge, fille du seigneur de Beaumont, vicomte du Mans, et invita à ses noces beaucoup de seigneurs, entr'autres Giroye, seigneur de Saint-Cénery, qui, pour lui faire plus d'honneur, vint accompagné d'un grand nombre de chevaliers et d'écuyers.

Au milieu des fêtes de la noce, le cruel Talvas fit arrêter Giroye, le consigna dans une des tours du château, qui a pris le nom de tour du chevalier Giroye, et lui fit crever les yeux, couper le nez, les oreilles; et même, dit Vital, les organes de la reproduction.

Le pauvre Giroye fut remis dans cet état entre les mains de Raoul son frère, surnommé *mal-couronne*, parce qu'il avait porté la tonsure. C'était un des plus habiles médecins de ce tems-là, et qui avait pris des leçons dans la fameuse école de Salerne. L'habile médecin vint à bout de guérir son frère; et, lorsque les plaies furent cicatrisées, le pauvre mutilé alla cacher sa honte dans l'abbaye du Bec, où il se fit religieux.

L'histoire ne cite guère de crimes aussi abominables que celui-là. Tout le monde en fut indigné, jusqu'aux vassaux et amis de Talvas. La famille des Giroye, qui était très-nombreuse, en frémit; et sur-le-champ les frères de Giroye, Robert et

Raoul; Vauquelin, seigneur de Pont-Echeufré; Robert, seigneur de Grand-Mesnil; Roger, seigneur du Merlerault; Salomon, seigneur de Sablé, ses beaux-frères; Ernault, seigneur de Courcerault, son cousin, avec ses trois fils, et ses douze gendres qui étaient de puissans seigneurs, prirent tous les armes, se jetèrent sur les terres de *Talvas*, qu'ils pillèrent, ravagèrent et incendièrent, faisant tomber sur d'innocens vassaux la peine due à leur seigneur, qui n'osa jamais sortir, et se tint toujours renfermé dans son château d'Alençon.

CHAPITRE V.

Geoffroy Martel se rend maître d'Alençon.

Les parens et amis du malheureux Giroye suscitèrent à Talvas un ennemi beaucoup plus dangereux.

Geoffroy Martel, comte d'Anjou, un des plus célèbres guerriers de ce tems-là, s'était emparé du comté du Mans. Les parens de Giroye et Geoffroy de Mayenne lui firent entendre que, pour la sureté de son nouveau comté, il devait s'emparer des châteaux d'Alençon et de Domfront; qu'il lui était facile de le faire, parce que les habitans de ces deux villes étaient très-mécontens de leur seigneur, et ne manqueraient pas de l'appuyer.

Geoffroy s'empara donc d'Alençon et de Domfront ; et le cruel meurtrier de Giroye, chassé de toutes ses places, fut obligé d'errer long-tems et de se retirer chez Roger de Montgommery, avec sa fille Mabille.

Ce fut un bonheur pour Guillaume de trouver Roger de Montgommery, qui voulut bien le recevoir ; mais ce fut un grand coup de politique de lui donner sa fille en mariage : il ne pouvait prendre un meilleur moyen pour rentrer dans ses états.

En effet, Roger de Montgommery, qui était le favori de Guillaume, duc de Normandie, ne manqua pas de solliciter le rétablissement de son beau-père, et de faire entendre au duc qu'il était de son intérêt de reprendre Alençon et Domfront, qui étaient la clé de la Normandie, et de ne pas laisser ces châteaux entre les mains d'un prince aussi entreprenant que Geoffroy Martel.

En conséquence, Guillaume ayant gagné la bataille du Val-des-Dunes, et réduit plusieurs seigneurs qui s'étaient révoltés contre lui, se porta sur Domfront, éleva quatre forts autour du château, pour en empêcher les approches ; puis il marcha sur Alençon, pour en former le siége, et vint camper sur le territoire occupé aujourd'hui par l'hospice. Geoffroy de son côté fit filer des troupes sur Alençon, pour rafraîchir la garnison et inquiéter les assiégeans, et les Angevins campèrent du côté de Monsort.

Un jour quelques soldats de la garnison du fort du Boulevard, apercevant Guillaume, frappèrent sur les palissades, en criant : *A la pel, à la pel*, pour lui reprocher qu'il était né de la fille d'un pelletier de Falaise. Guillaume irrité jura *par la splendeur de la lumière de Dieu*, son serment ordinaire, qu'il se vengerait cruellement de cet outrage ; et aussitôt il commande l'assaut. Les Normands attaquent avec furie, les Angevins se défendent de même ; mais enfin le fort du Boulevard est emporté ; une partie des Angevins meurt sur la brèche ; l'autre partie se sauve. Trente-deux hommes sont faits prisonniers ; Guillaume leur fait couper à tous les pieds et les mains, qu'il fait jeter dans le château assis sur la Briante, en menaçant la garnison d'un pareil traitement, si elle ne se rend sur-le-champ La garnison, épouvantée par cet exemple terrible, livra le château ; et aussitôt Guillaume s'achemina vers Domfront, qu'il reprit également.

Ces deux places avaient été données aux ancêtres de Talvas, pour défendre de ce côté la frontière de Normandie. A la recommandation de Roger de Montgommery, Guillaume les lui remit. Il paraît cependant que ce seigneur ne rentra point dans le château d'Alençon, encore teint du sang de Giroye, et qu'il mourut peu de tems après au château de Montgommery.

CHAPITRE VI.
Arnulphe.

Guillaume avait eu six enfans, trois légitimes et trois bâtards. Ses enfans légitimes étaient Robert, mort jeune, Arnulphe qui lui succéda, et Mabille, mariée à Roger de Montgommery. Ses enfans bâtards étaient Olivier, Warin et Raoul.

Il paraît que, pendant la disgrace de Guillaume Talvas, Arnulphe s'était retiré auprès de son oncle Yves, Evêque de Seès, qui était, dit Orderic Vital, un très-bel homme, très-éloquent et d'un caractère fort gai. Arnulphe puisa auprès de son oncle des principes de sagesse et de piété, et eut beaucoup de part à ses largesses religieuses; il l'accompagna dans ses voyages, et souscrivit avec lui plusieurs chartes en faveur de quelques abbayes.

Nous avons très-peu de chose à dire de ce seigneur, qui n'a rien fait de mémorable, et n'a pas vécu fort long-tems. En effet il fut étranglé par son frère Olivier, qui, pour expier son crime, se fit religieux à l'abbaye du Bec.

Les crimes, comme l'on voit, étaient assez communs dans ces tems-là, ce qui ne nous empêche point de crier contre notre siècle, et de le regarder comme le plus dépravé. Les hommes, les siècles se ressemblent toujours un peu ; mais, comme la société modifie l'espèce humaine, adoucit les hommes, il est certain que, s'ils sont plus perfides aujourd'hui, ils sont moins cruels qu'autrefois.

LIVRE III.

Seigneurs d'Alençon, de la maison de Montgommery.

CHAPITRE PREMIER.

Roger de Montgommery.

Yves, évêque de Seès, aurait pu réclamer la succession de son neveu Arnulphe, au préjudice de Mabille; mais il paraît qu'il se contenta de quelques terres dans le Perche, et des revenus de son évêché. A la mort d'Arnulphe, Roger de Montgommery posséda Alençon aux droits de sa femme, et par là la seigneurie d'Alençon passa dans la maison de Montgommery. La maison de Montgommery a fourni cinq seigneurs à Alençon, Roger, Robert II, Guillaume III, Jean I, et Robert III.

Roger, déjà riche par la succession de son père et de sa mère Josseline de Ponteaudemer, par son mariage avec Mabille de Bellême, le devint bien autrement par sa bravoure et son adresse, par les intrigues de sa femme, qui savait si bien faire sa cour au duc Guillaume, aux dépens de ses voisins, et les dépouiller pour s'enrichir.

Geoffroy Martel, toujours en guerre avec Guillaume, duc de Normandie, était venu à bout de détacher Henri, roi de France, du parti de Guillaume, et de l'intéresser dans sa querelle. Ce prince, en conséquence de son alliance avec Geoffroy, pénétra en Normandie, et vint assiéger le château de Montgommery, qui appartenait au seigneur d'Alençon.

Le château de Montgommery était environné de très-fortes tours; mais il ne put tenir contre les Français. Il fut pris, pillé et brûlé, ainsi que l'église, où l'on vénérait le corps de saint Josse, que Gilbert de Montgommery avait volé.

Il paraît que, dans ces tems-là, on volait les corps des saints, par intérêt ou par dévotion. On lit, dans l'histoire du diocèse de Bayeux, que des moines de Flandres vinrent en pélerinage à une chapelle, où l'on vénérait un des plus grands saints du diocèse, et qu'ils firent si bien boire le prêtre qui gardait les reliques, qu'ils l'enivrèrent, et enlevèrent le corps saint.

Le roi de France et le comte d'Anjou, maîtres de la campagne, firent de grands ravages dans toute la Normandie. Guillaume, qui n'avait osé livrer combat, les suivait toujours de près; et, lorsqu'ils voulurent passer la Dive à Varaville, il les attaqua, les battit, et força Henri de rentrer en France, et Martel dans l'Anjou.

Guillaume, après avoir vaincu ses ennemis, jouit de quelque tranquillité; mais Robert de Grandmenil, abbé de saint-Evroult, lui donna bien des chagrins. Le moine avait lâché quelques plaisanteries contre Guillaume. Guillaume, qui n'entendait pas raillerie, le cita pour comparaître à sa cour. Robert, qui connaissait l'esprit de Guillaume, se donna bien de garde de comparaître; il aima mieux se retirer à Rome, auprès du pape. Alors le duc mit un autre abbé à sa place; mais Robert revint bientôt de Rome avec deux cardinaux, que le pape envoyait pour le rétablir dans son abbaye. Guillaume, ayant appris que des légats étaient venus de Rome pour se mêler d'une querelle qu'il avait eue avec un moine de Saint-Evroult, jura dans sa colère qu'il ferait pendre, au plus haut chêne de la forêt, tous les gens d'église qui oseraient entreprendre quelque chose contre son autorité. Robert, qui le connaissait pour implacable, se retira bien vite en Italie, emmenant avec lui une partie des moines de Saint-Evroult.

Guillaume avait besoin de ménager le pape, qui lui servit beaucoup pour la conquête de l'Angleterre, en faisant parler la religion en sa faveur. Edouard, roi d'Angleterre, qui n'avait point d'enfans, avait légué, en mourant, sa couronne au duc de Normandie, son parent. Cet acte n'avait pas grande vertu par lui-même. On ne dispose pas d'une couronne comme d'un champ. D'ailleurs les testamens n'ont de valeur que d'après les lois; et les Anglais, bien loin de reconnaître la légitimité du testament, avaient nommé Harold pour leur roi.

Guillaume, simple duc de Normandie, n'essaya pas moins de faire valoir le testament d'Edouard, de conquérir l'Angleterre, et d'en mettre la couronne sur sa tête. L'entreprise était difficile; et il assembla à Lillebonne tous les seigneurs de Normandie, pour en délibérer. Ce fut Roger de Montgommery, seigneur d'Alençon, qui parla le plus fortement en faveur de la conquête. Il entraîna les esprits, et mit aussitôt la main à l'œuvre, en équippant des vaisseaux, et en fournissant le plus grand nombre d'hommes qu'il lui fut possible. Guillaume ne voulut pourtant pas qu'il le suivît; et il le laissa en Normandie, dont il confia la défense à sa bravoure, et l'administration à sa sagesse.

CHAPITRE II.

Roger de Montgommery passe en Angleterre.

En gagnant la bataille de Hastings, le duc de Normandie avait mis sur sa tête la couronne d'Angleterre, qui a presque toujours été portée par des étrangers; mais cette couronne n'était pas encore bien affermie sur la tête de Guillaume. Quelques seigneurs anglais supportaient le joug avec peine, et les Gallois n'étaient nullement soumis.

Celui qui avait conseillé au duc de Normandie de s'emparer de la couronne d'Angleterre, était le plus capable de la maintenir sur sa tête.

En conséquence Guillaume appela Montgommery en Angleterre, où il le récompensa magnifiquement. Il lui donna la ville de Chester, le comté de Salop, les châteaux d'Arondel et de Schrewsbury; et le chargea de faire la guerre aux Gallois, en lui donnant toutes les terres qu'il pourrait conquérir. Roger combattit pour la gloire et pour la fortune; et des conquêtes qu'il fit dans ce pays, il forma deux comtés, celui de Montgommery, et celui de Pembrock.

Pendant que Guillaume était en Angleterre, les Manceaux se révoltaient, et il fut obligé de repasser en Normandie. Il amena avec lui Montgommery, le fidèle compagnon de ses voyages. Tous deux se rendirent au château d'Alençon, en 1074, y rassemblèrent leurs troupes, et s'avancèrent dans le Maine, qui fut bientôt soumis.

Trois ans après, les Manceaux, soutenus de Foulques, comte d'Anjou, se révoltèrent encore. Guillaume fut obligé de repasser une seconde fois avec Roger de Montgommery, et assigna le rendez-vous de ses troupes à Alençon. Etant entré dans le Maine avec une forte armée, il était sur le point d'en venir aux mains avec le comte d'Anjou; mais Montgommery, aussi prudent que brave, se porta médiateur. Robert, fils aîné de Guillaume, fit hommage du comté du Maine à Foulques, et la paix fut faite.

Alors Montgommery repassa en Angleterre, et laissa l'administration de ses biens de Normandie à Mabille, sa femme, qui se servit de toutes sortes de moyens pour conserver ses possessions, et abattre ses ennemis.

Les Giroye, très-braves, très-puissans, lui donnaient beaucoup d'inquiétudes; ne pouvant vaincre Ernaud par la force des armes, elle résolut de l'empoisonner. Ayant appris qu'il devait passer par Echauffour, elle fit préparer un breuvage empoisonné; mais ce fut Gilbert de Montgommery, son beau-frère, qui l'avala, et qui en mourut trois jours après.

La nouvelle *Circé* ne fut point découragée; elle gagna Goulafre, écuyer d'Ernaud, et lui donna un autre breuvage empoisonné. Dès qu'ils furent arrivés à Courville, le malheureux Goulafre servit le fatal breuvage. Ernaud, le seigneur de Courville, celui de Montmirail, en burent. Les derniers échappèrent à la mort par de promts secours; Ernaud fut le seul qui en mourut.

Il s'éleva une guerre terrible entre Mabille et Rotrou, seigneur de Mortagne. Plusieurs seigneurs prirent le parti de Rotrou, entr'autres Hugues Salgey, seigneur de la Motte-d'Ygé. Mabille trouva le moyen de s'emparer du château de la Motte, qu'elle ne voulut jamais remettre à Salgey.

Depuis ce tems Salgey chercha toutes les occasions de se venger. Ayant appris que Mabille était allée passer quelques jours dans son château de Burcs-sur-Dives, au mois de décembre 1082, il entra dans le château, on ne dit pas comment, pénétra jusqu'à l'appartement où couchait Mabille, et lui coupa la tête.

Pour éviter les poursuites, Hugues de Salgey se retira en Italie, dans la Pouille, auprès de quelques seigneurs normands, qui y avaient fondé un royaume. Il faut avouer que le onzième siècle est un siècle bien glorieux pour les Normands. Guillaume, leur duc, passe en Angleterre, et s'empare de la couronne. Quelques simples seigneurs normands passent en Italie, y fondent un royaume, et deviennent princes et rois.

On ne peut s'empêcher de détester la barbarie de Hugues Salgey; mais on est moins porté à plaindre Mabille, quand on pense aux poisons dont elle abreuvait de vaillans chevaliers. Il n'est pas facile de faire le portrait de cette femme. On ne peut en prendre les couleurs, ni dans l'épitaphe que grava sur son tombeau Durand, abbé de Troarn, ni dans les déclamations d'Orderic Vital. Il n'est pas même aisé de la juger d'après ses actions. Ce fut une femme vraiment extraordinaire. Elle était d'une faible complexion, et avait une ame ardente; elle montrait quelquefois le courage d'un héros, et souvent la faiblesse d'une femme. Pour réduire ses ennemis, quelquefois elle employait la force ouverte, quelquefois la ruse et la fourberie; elle persécutait les moines de Saint-Evroult, les pillait autant qu'elle pouvait, et elle comblait de biens ceux de Troarn et de Sées. Elle détruisit les châteaux de ses ennemis; mais elle fit bâtir celui de la Roche, et le bourg, qui porte encore son nom.

Comme on ne connaissait point encore l'assassin de Mabille, les soupçons se portèrent sur Guillaume Pantolfe, qui avait beaucoup à s'en plaindre. On instruisit son procès. Il ne se trouva point de preuves. Il convenait de l'acquitter; mais, suivant l'usage de ce tems-là, il fut condamné à subir l'épreuve du fer rouge, à l'abbaye de Saint-Evroult. Les moines, plus éclairés et plus justes, fournirent des drogues à Pantolfe, qui porta dans ses mains un fer rouge, sans en être nullement incommodé.

Après la mort de sa femme, Roger de Montgommery, qui résidait presque toujours en Angleterre, investit de son vivant Robert, son fils aîné, du comté d'Alençon. Comme nous n'aurons plus beaucoup d'occasions de parler de Roger, il convient de placer ici son portrait, après celui de sa femme.

Les moines, qui étaient les seuls écrivains de ce tems-là, font tous le plus grand éloge de Roger. Il était aussi sage que vaillant, et fonda un grand nombre d'abbayes et de prieurés, en Angleterre et en Normandie. Ce seigneur, qui avait toujours mené une vie très-agitée, voulut finir ses jours dans le repos d'un cloître. Il se fit moine dans l'abbaye de Schrewsbury, qu'il avait fondée; et, se voyant près de mourir, il envoya à Cluni chercher la tunique de saint Hugues, s'en revêtit, et mourut dans de grands sentimens de religion, en 1094.

CHAPITRE III.

Robert de Montgommery II.

Roger de Montgommery avait eu dix enfans. Robert, l'aîné, posséda le comté d'Alençon, du vivant même de son père. Il avait pour parrains Robert, abbé de Saint-Martin de Seès, et tous les religieux de la maison. On ne parlait point encore de marraines dans ce tems-là.

Robert est plus connu dans l'histoire sous le nom de Bellême ; mais nous aimons mieux lui donner le nom de Robert de Montgommery, qui est celui de son père. Ce seigneur avait reçu une excellente éducation, était très-éloquent, passait pour le meilleur ingénieur de son tems, fit bâtir un grand nombre de châteaux, soutint seul la guerre contre plusieurs souverains à la fois, se jeta indiscrètement dans tous les partis, eut de grandes contestations avec les moines, mena une vie extrêmement orageuse, et finit ses jours dans une prison.

Guillaume, roi d'Angleterre, avait donné la Normandie à Robert, son fils aîné; mais il différait toujours de l'en mettre en possession. Robert, excité par quelques seigneurs, entr'autres par Robert de Montgommery, voulut s'en emparer de force, et fit la guerre à son père. Protégé par le roi de France, il se retira, avec Robert de Montgommery, dans le château de Gerberoy, d'où il faisait des courses en Normandie. Guillaume fut obligé d'assiéger son fils ; et dans une sortie le fils eut le malheur de blesser le père, sans le reconnaître. Cet accident malheureux pénétra d'horreur Robert, qui n'était pas méchant, et la paix se fit.

Elle ne fut pas de longue durée. Le père reprochait toujours au fils sa dissipation, sa nonchalance. Le fils se brouilla de nouveau avec le père, et, toujours accompagné du comte d'Alençon, il se retira d'abord chez Hugues, seigneur de Thimerais, qui était le beau-frère du comte; ensuite chez Guy de Ponthieu, qui était son beau-père.

Guillaume le Conquérant, étant venu à mourir en 1087, donna par son testament la Normandie à Robert, son fils aîné; l'Angleterre à Guillaume, son second fils; et à Henri, le troisième, une somme d'argent.

A la mort de Guillaume, Robert de Montgommery rentra dans tous ses biens, chassa les garnisons que Guillaume avait mises dans ses châteaux, et se rendit à la cour de Robert, duc de Normandie, dont il devint un des favoris; ce qu'il méritait bien pour son intelligence dans les affaires, et pour tous les sacrifices qu'il avait faits.

Le duc Robert ne goûtait pas beaucoup le testament de son père; il croyait bien que le royaume d'Angleterre lui appartenait, en qualité d'aîné; et d'ailleurs il se croyait aussi capable que son père de porter en même tems deux couronnes. Robert de Montgommery, qui avait de grandes prétentions en Angleterre, et qui aimait mieux n'avoir qu'un maître que d'en servir deux en même tems, ne manquait pas d'entretenir le duc dans ces pensées. Le conseil fut assemblé, et on y arrêta que le duc ferait tous ses efforts pour s'emparer du royaume d'Angleterre, qui lui appartenait.

En conséquence Robert de Montgommery, Odon, évêque de Bayeux, oncle du duc, et plusieurs seigneurs, passèrent en Angleterre pour former un parti et préparer les voies. Le parti commençait à grossir. Robert avait gagné son père et deux de ses frères; mais Guillaume, ayant été prévenu, attira par la douceur Roger de Montgommery; intimida quelques autres seigneurs, et fit une promte guerre à ceux qui voulurent résister. Robert de Montgommery, Odon de Bayeux, obligés de se jeter dans le château de Rochester, furent bientôt contraints de se rendre. Les biens qu'Odon avait en Angleterre furent confisqués; mais Robert de Montgommery, en considération de son père, fut maintenu dans tous ses droits.

CHAPITRE IV.

Robert de Montgommery prisonnier au château de Falaise.

L'évêque de Bayeux, dépouillé de toutes ses possessions en Angleterre, jaloux de ce que Robert de Montgommery avait conservé les siennes, ne manqua pas de le décrier auprès du duc, et de le peindre comme un traître. Il fit à cette occasion un discours fort éloquent. « Armez-vous, » dit-il, de votre ancien courage contre le rejeton » de la famille des Talvas par sa mère, contre » cette race maudite, dans laquelle le crime est » héréditaire. Songez que ce traître a dans ses » mains les forteresses les plus considérables du » pays, Bellême, Essay, Alençon, Domfront, » Saint-Cénery, Mamers, Vignas...., forteresses » qu'il a toutes élevées lui-même, ou beaucoup » augmentées.... Dépouillez-le de ces demeures » superbes, qui ont coûté tant de sueurs à ses » malheureux vassaux. Vous serez délivré de votre » plus cruel ennemi, et les peuples vous béniront ».

Le bon duc se laissa gagner par le discours du vindicatif prélat; il abandonna son meilleur ami, un ami éprouvé par l'adversité, qui avait sacrifié tous ses biens pour lui, qui venait d'exposer sa propre vie pour lui procurer une couronne; et il fut décidé dans le conseil qu'on se saisirait du comte d'Alençon, à sa rentrée en Normandie.

En effet il ne fut pas plutôt descendu qu'on l'arrêta, et qu'on le conduisit prisonnier à Falaise.

Après s'être emparé de la personne du comte d'Alençon, le duc Robert voulut aussi s'emparer de ses forteresses; il s'avança avec une forte armée, et vint former le siége de Saint-Cénery, la plus forte de toutes les places du comte, et dans laquelle sa famille s'était retirée. Un des plus braves chevaliers de ce tems-là, Robert Quarrel, seigneur de Condé, y commandait; il se défendit très-long-tems avec la plus grande valeur, et ne se rendit que lorsque tous les vivres furent épuisés. Le duc, qui aurait dû faire quelque cas de sa bravoure et de sa fidélité, qui passait pour être humain, lui fit crever les yeux.

On ne sait combien aurait duré la prison de Robert de Montgommery; mais Roger, son père, étant passé en Normandie pour calmer cet orage, vint à bout par sa sagesse de le réconcilier avec le duc Robert.

CHAPITRE V.

Robert de Montgommery sort de prison, et se venge de ses ennemis.

Les ennemis du comte d'Alençon, Geoffroy de Mortagne, Hugues de Nonant, Bernard de la Ferté, avaient profité de sa détention pour piller ses terres. Le comte d'Alençon profita de sa liberté pour se venger cruellement. C'est à cette occasion qu'Orderic Vital, et quelques autres écrivains, tous prêtres ou moines, font du comte d'Alençon un portrait qui n'est certainement pas flatté. En voici quelques traits. *C'était un homme fourbe, cruel, avare... endurci comme Pharaon.... qui inventait de nouveaux supplices, comme Phalaris... qui surpassait les Néron, les Déces, les Dioclétien. C'était*, dit élégamment Henri Hungtington, *Pluton, Mégère, Cerbère, et quelque chose de pis*. On en jugera mieux par les faits que par toutes ces hyperboles.

Guillaume, roi d'Angleterre, voulut exciter des troubles en Normandie, comme le duc avait voulu en exciter en Angleterre. Conan, bourgeois de Rouen, entreprit de livrer la ville à Guillaume. Robert de Montgommery vola au secours du duc. Les traîtres furent tous pris et punis.

A son retour de Rouen, Robert eut une guerre à soutenir contre les seigneurs de Courcy et de Grandmenil, qui se défendirent vaillamment; il assiégea pendant long-tems le château de Courcy, et fit un grand dégât dans tout le pays. Le bon Gerard, évêque de Seès, touché des malheurs qui affligeaient son troupeau, vint au camp de Robert de Montgommery pour tâcher de faire la paix; mais n'ayant pu réussir, il s'en retourna bien mécontent, et mourut peu de tems après.

Le duc de Normandie étant passé en Angleterre, le comte d'Alençon l'y accompagna; et, pendant son absence, les habitans de Domfront se donnèrent à Henri, troisième fils du Conquérant, à qui son père n'avait laissé que de l'argent, qui était dépensé. Henri accepta volontiers le don,

se

se mit un emplâtre sur un œil pour n'être pas reconnu, et vint à Domfront, où il fut très-bien reçu. Voilà le commencement de sa fortune. Le petit seigneur du château de Domfront, par son intelligence et par son intrigue, devint roi d'Angleterre et duc de Normandie.

Robert de Montgommery, de retour à Alençon, voulut reprendre le château de Domfront; mais il ne put jamais en venir à bout. Il réussit mieux à Saint-Cénery, dont les Giroye étaient rentrés en possession. Voulant déloger ces ennemis naturels de la maison d'Alençon, il fit le blocus de Saint-Cénery; mais Robert Giroye, ayant trouvé le moyen de pénétrer dans la place, le força de lever le siége, et pendant trois ans fit un grand dégât dans le pays. Le comte d'Alençon, irrité, rassemble toutes ses forces, s'approche de nouveau de Saint-Cénery, fait répandre le bruit que Giroye venait d'être tué, et jete par-là une telle épouvante dans toute la garnison, qu'elle se retire à la faveur de la nuit. Alors Robert de Montgommery entre dans le château, et abandonne tout au pillage.

CHAPITRE VI.

Robert de Montgommery a de grandes contestations avec les ecclésiastiques.

LES Giroye donnaient bien des peines au comte d'Alençon; mais les moines lui en donnèrent encore bien davantage. Au milieu de ses guerres, Montgommery s'occupa trop, pour la tranquillité

4.

de ses jours; des prêtres, des moines et des communautés religieuses fondées par son père. Les chanoines de Saint-Léonard-de-Bellême ne menaient point une vie fort édifiante; il les chassa, et mit à la place des moines de Marmoutier. Le bon abbé Robert, son parrain, ne vivait plus. Raoul Descures lui avait succédé dans l'abbaye de Seès; et ce n'était pas un homme très-patient que ce Raoul. Le comte d'Alençon voulut exiger quelques droits sur le temporel de l'abbaye, dont ses prédécesseurs avaient toujours joui. Raoul, très-fier, jaloux à l'excès des priviléges de l'église, ne voulut jamais céder aux justes réclamations du comte, qui le poursuivit très-rigoureusement, et le força de quitter son abbaye, et de se retirer en Angleterre, où dans la suite il devint archevêque de Cantorbery.

On a beaucoup crié à cette occasion contre Robert de Montgommery. Les moines, qui seuls tenaient la plume dans ces tems-là, qui avaient la plus grande influence sur l'opinion, l'ont singulièrement noirci, quoiqu'il ne fût pas très-coupable dans cette affaire. Voici quelques traits qui peignent bien le caractère de Raoul. La cérémonie du mariage de Henri I, roi d'Angleterre, devait se faire à Windsor. L'évêque de Salisbury crut pouvoir la faire, parce que Windsor était dans son diocèse, et que d'ailleurs l'archevêque de Cantorbery était malade, et attaqué de paralysie. Raoul arrive sur ces entrefaites, fait dépouiller l'évêque de Salisbury de ses habits pontificaux, et nomme l'évêque de Worcester pour faire le mariage. Le jour du couronnement de la reine, Raoul, qui était à l'autel, aperçoit le roi qui avait la couronne sur la tête, descend de l'autel, s'avance vers lui : *Qui vous a mis la couronne sur la tête*, dit-il avec emportement? Je ne sais pas, répondit le roi avec douceur ; et aussitôt Raoul enlève brusquement la couronne, et entonne le *Gloria in excelsis*.

Le comte d'Alençon ne vivait pas en meilleure intelligence avec l'évêque de Seès qu'avec l'abbé de Saint-Martin. Le bon Gerard était mort. Serlon, moine de Saint-Evroult, lui avait succédé ; il avait été élu évêque de Seès dans un concile assemblé à Rouen par l'archevêque Guillaume *Bonne-Ame*, fils de Radbod de Flers, évêque de Seès, qui était marié (*). Serlon n'était pas plus patient que Raoul, et ne résista pas avec moins de fermeté au comte d'Alençon, qui réclamait quelques droits sur le temporel de l'église. Il ne s'expatria pas comme Raoul ; mais, se sentant appuyé du fameux pape Gregoire VII, il lança contre le comte les foudres terribles de l'excommunication, et jeta un interdit sur toutes ses terres.

(*) Dissertation manuscrite de M. Desnos, sur Radbod, évêque de Seès.

CHAPITRE VII.

Robert de Montgommery général de Guillaume, roi d'Angleterre.

Robert, duc de Normandie, qui mêlait la dévotion avec les plaisirs, le luxe et la dépense, venait d'engager la Normandie, pour cinq ans, à Guillaume, roi d'Angleterre, et était parti pour la Terre-Sainte.

Guillaume, qui eut pendant ce tems de grandes guerres à soutenir, nomma pour général de ses troupes le comte d'Alençon. Il marcha d'abord contre Philippe, roi de France, qui voulait pénétrer en Normandie. Il avait sous lui Henri, frère de Guillaume, et plusieurs autres seigneurs anglais et normands. Cet habile général arrêta l'armée de Philippe; et pour mieux contenir à l'avenir les rois de France, il fit bâtir une forteresse très-considérable, dont il donna lui-même le plan.

La guerre contre le roi de France ne fut pas longue; mais Robert de Montgommery fut obligé d'en soutenir une longue et vive contre Helie de la Flèche, qui s'était emparé du comté du Mans.

Avant d'entrer en campagne, Robert fait réparer tous les châteaux de la frontière, les munit d'hommes, de vivres; élève des palissades, et fait creuser des fossés, dont on voit encore les vestiges, qui portent le nom de Robert le *Diable*; puis pénètre dans le Maine, ravage le pays, et ramène trois cents prisonniers de guerre.

Helie de son côté ayant fait une incursion dans le Sonnois, qui appartenait au comte d'Alençon, le comte lui tend une embuscade, le fait prisonnier, et le conduit à Rouen au roi Guillaume. On arrêta dans le conseil du roi que le comte d'Alençon s'emparerait du Maine ; et on rassembla à Alençon cinquante mille hommes, qui portèrent par-tout la désolation et la mort.

Le comte d'Anjou profita de l'absence de Guillaume, qui était passé en Angleterre, et vint assiéger Robert de Montgommery dans le château de Balon. Robert ayant appris d'un mendiant que les assiégés étaient à dîner, sans prendre aucune précaution, fait une brusque sortie, tombe sur eux dans le moment qu'ils s'y attendaient le moins, en tue un grand nombre, et fait beaucoup de prisonniers de guerre.

Helie, ayant recouvré la liberté, recommença la guerre. Robert de Montgommery dépêche aussitôt pour l'Angleterre un courrier, qui trouve Guillaume chassant dans la Forêt-Neuve. *Partons*, dit le roi ; et il pique son cheval, s'avance vers la mer, s'embarque, se rend à Alençon, y rassemble ses troupes, pénètre dans le Maine, porte par-tout le fer et la flamme, et en donne la garde à Robert de Montgommery.

CHAPITRE VIII.

Robert de Montgommery s'unit au duc Robert, pour le faire monter sur le trône d'Angleterre.

Guillaume était à peine de retour en Angleterre de son expédition dans le Maine, qu'il fut tué par mégarde à la chasse. Henri, son jeune frère, très-expéditif, s'empara bien vîte de la couronne, pendant que Robert était à faire ses dévotions dans la Terre-Sainte.

Robert de Montgommery, qui n'aimait pas Henri, qui lui avait volé le château de Domfront, et qui volait au duc Robert la couronne d'Angleterre, fut néanmoins forcé de le reconnaître, et de lui faire hommage, pour conserver les biens immenses qu'il possédait en Angleterre, qui lui étaient échus de la succession de son frère Hugues de Montgommery, qui avait été tué dans un combat contre les Norvegiens.

Le duc Robert arriva de son voyage à Jérusalem un mois après la mort de Guillaume. Il était trop tard. Henri était monté sur le trône d'Angleterre, et il n'était pas facile de l'en faire descendre. Cependant Robert de Montgommery et plusieurs seigneurs de Normandie l'engagèrent à faire au moins une tentative, pour recouvrer un trône qui lui appartenait.

Robert de Montgommery passa en Angleterre avec plusieurs seigneurs, pour appuyer le parti du duc Robert, qui de son côté fit un armement considérable, et débarqua en Angleterre avec des troupes. Aussitôt tous ses partisans, à la tête desquels était Robert de Montgommery, se déclarent ouvertement. Henri, toujours très-actif, marcha contre le duc Robert avec toutes ses forces. Les armées étaient en présence, les deux frères tout près d'en venir aux mains, les deux partis sur le point de s'égorger, pour savoir à quel maître ils appartiendraient ; lorsque Robert de Montgommery, qui avait la plus grande influence par sa fortune, par ses nombreux châteaux et par ses connaissances militaires, se porta pour médiateur, et fit la paix entre les deux frères ; aux conditions que Henri continuerait à porter la couronne d'Angleterre, et que Robert renoncerait à ses droits, moyennant une pension de 3,000 marcs, que le pauvre duc perdit bientôt. Etant repassé quelque tems après en Angleterre, pour solliciter l'exécution du traité, comme il n'avait plus d'armée pour appuyer ses demandes, on le menaça de la prison, et il fut fort heureux d'en être quitte pour la perte de sa pension.

CHAPITRE IX.

Robert de Montgommery entre en guerre avec le roi d'Angleterre.

Henri était toujours très-fâché qu'on eût tenté de le dépouiller de ce qu'il avait usurpé; il en voulait sur-tout à Robert de Montgommery, qui le premier avait engagé le duc indolent à tenter cette entreprise, et à faire une descente en Angleterre; il chercha les occasions de l'en punir, et les occasions ne lui manquèrent pas.

Depuis que Robert de Montgommery avait recueilli l'immense succession de son frère Hugues, il résidait plus souvent en Angleterre qu'en Normandie. Henri gagna Richard de Bellême, aumônier de Robert, et l'engagea à lui faire le rapport des moindres propos qu'il pourrait lâcher dans la liberté de la table, au milieu de ses amis. Le roi, bien servi par l'aumônier, après avoir recueilli une masse de sujets de plainte, cita Robert à sa cour pour répondre sur quarante-cinq chefs d'accusation. Robert se donna bien de garde de comparaître, de se livrer à son ennemi; il répara ses châteaux, les munit d'hommes et de vivres; et quoiqu'il ne tint point la campagne, il était bien dans le cas de fatiguer le roi, s'il n'avait point été trahi.

Henri leva une forte armée, se présenta d'abord devant le château d'Arondel, éleva des forts autour pour en former le blocus, envoya l'évêque de Londres assiéger le château de Tichill, et marcha lui-même en personne pour faire le siége de celui de Brigge. Robert de Montgommery s'était retiré à Schrewsbury, le plus fort de tous ses châteaux ; il fut trahi par-tout.

Les habitans d'Arondel, gagnés par les promesses de Henri, lui apportèrent les clés ; ceux de Brigge refusèrent d'abord d'ouvrir les portes. Henri les menaça de les faire tous pendre, s'ils ne se rendaient ; la peur les prit, ils se rendirent. Les soldats de la garnison versèrent des pleurs de rage, brisèrent leurs armes, en chargeant d'imprécations les timides habitans.

Robert, retiré à Schrewsbury, avait avec lui les fils de *Rhésus*, roi des Gallois, sur lesquels il comptait beaucoup. Henri les gagna à force de présens ; et aussitôt les habitans députèrent à Henri, pour lui dire qu'ils l'introduiraient dans la place.

Le pauvre Robert de Montgommery, trahi, lâchement abandonné par ses meilleurs amis, n'eut d'autre ressource que de se jeter aux pieds de Henri, pour implorer sa clémence. Toute la grâce qu'il put obtenir, ce fut de sortir promtement de l'Angleterre avec ses armes et un cheval. Tous ses biens furent confisqués au profit du roi.

CHAPITRE X.

Robert de Montgommery entre en guerre avec le duc Robert.

Robert de Montgommery se consolait en chemin avec les trente-quatre châteaux qu'il possédait en Normandie, et les bonnes graces du duc Robert, pour la cause duquel il avait perdu tous ses biens d'Angleterre.

Quelle dut-être sa surprise en arrivant! Le faible duc de Normandie s'était laissé gagner par son frère, et achevait de dépouiller son meilleur ami!

Robert de Montgommery ne se découragea pas pour cela. Il se rendit à Alençon, somma tous ses vassaux de se rendre auprès de lui, sans en excepter ceux des abbayes dépendant de ses terres. Quelques abbés s'y refusèrent, entr'autres celui de Seès. Alors Montgommery fit la guerre en désespéré; il dévasta les campagnes, dépeupla les villages, brûla les maisons, les églises même, et dans sa fureur il n'épargna rien. Plusieurs seigneurs voulurent arrêter le torrent. Il fit face par-tout; par-tout il fut vainqueur.

Robert avait beaucoup d'envie de se mesurer avec le duc, qui avait eu la lâcheté d'abandonner son meilleur ami, et même de lui faire la guerre. L'occasion ne tarda point à se présenter.

Une partie de l'armée ducale logeait dans l'abbaye

d'Almenêches. Montgommery la surprit, mit le feu à l'abbaye, et fit un grand nombre de prisonniers, parmi lesquels se trouvèrent quelques-uns de ses vassaux, qu'il fit mutiler ou mourir.

Quelques jours après il rencontra l'armée du duc à Chailloué, près de Seès; il l'attaqua avec fureur, la battit, força le duc à prendre la fuite; et fit plusieurs prisonniers de marque, entr'autres le prince de Couversane, beau-frère du duc.

Robert de Montgommery aurait pu profiter de sa victoire, et s'emparer d'une partie de la Normandie; mais il aima mieux faire sa paix, et se réconcilier avec le duc, qui lui rendit bien toutes ses bonnes graces, mais qui ne le dédommagea pas de toutes les pertes qu'il avait essuyées pour lui.

CHAPITRE XI.

Robert de Montgommery fait la guerre au comte de Mortagne, et est excommunié.

Robert de Montgommery n'était pas content de Rotrou II, comte de Mortagne, qui avait profité de son absence et de ses malheurs pour piller ses terres; qui s'était trouvé à l'armée ducale, à la bataille de Chailloué, et il lui déclara la guerre.

Ces deux seigneurs firent entre eux la guerre la plus cruelle. Les garnisons des châteaux se répandaient dans les campagnes, où elles commettaient toutes sortes d'horreurs. Les pauvres habitans gémissaient sous ce terrible fléau. Rotrou, un des braves de ce tems-là, ne ménageait rien pour ruiner son ennemi. Robert, de son côté, excellent homme de guerre et très-vindicatif, ne l'épargnait pas davantage.

Serlon, évêque de Sées, dont le diocèse était le théâtre de la guerre, fut touché des malheurs qui affligeaient ses diocésains; lança l'excommunication sur les deux seigneurs, remède bien terrible; mais qui pourrait être utile, s'il était prudemment appliqué.

Rotrou, qui était un prince religieux, ne tarda point à être délié de l'excommunication; mais il n'en fut pas de même de Robert, que Serlon n'aimait pas. Robert, qui redoutait peut-être plus les effets de l'excommunication que l'excommunication en elle-même, s'adressa à Yves, évêque de Chartres, qui parut ne pas approuver l'évêque de Seès, mais qui le ménageait. *Si l'excommunication est injuste*, écrit-il à Robert, *j'en suis fâché pour vous et pour celui qui l'a prononcée; mais celui qui est excommunié par une église, ne peut être délié par une autre. Je ne puis porter ma faux dans la moisson d'autrui.*

CHAPITRE XII.

Robert de Montgommery commande l'arrière-garde à la bataille de Tinchebray.

Les prêtres et les moines de toute la Normandie étaient très-mécontens du duc Robert, qui était dévot, mais qui ne les protégeait point assez; et de Robert de Montgommery, qui ne les ménageait nullement : ils auraient préféré le gouvernement de Henri, qui les caressait. Plusieurs étaient passés en Angleterre, pour le solliciter. Henri lui-même était déjà venu deux fois en Normandie, pour pressentir l'opinion.

Enfin ce prince débarqua à Barfleur, la dernière semaine de carême de l'an 1106, dans le dessein d'achever de dépouiller son malheureux frère; il arriva à Carentan le samedi saint, et le jour de pâques, Serlon, évêque de Seès, l'attendait à l'église, revêtu de ses habits pontificaux. Là, au milieu des coffres que les habitans de la campagne y avaient déposés, et qui déjà parlaient fort éloquemment, le pieux prélat peignit très-pathétiquement les malheurs de la Normandie. *Nous n'avons point de chef,* dit-il; *notre duc vit dans son palais, au sein de la mollesse. L'anarchie nous dévore. Robert de Montgommery fait la guerre à l'église..... Tirez-nous de l'esclavage, il en est tems; armez votre bras, non pour augmenter vos états, mais pour la défense de la patrie*........ Après quoi l'orateur parla contre les longues chevelures, condamnées par l'église, et pria le roi de se laisser tondre le premier. Et aussitôt l'évêque tire des ciseaux de sa manche, tond le monarque, à l'exemple duquel tous les courtisans furent bientôt tous coëffés à la *Titus. Henri en riait sans doute intérieurement*, dit M. Desnos; *mais il n'avait garde de risquer de s'aliéner le clergé pour un si léger sacrifice.*

Le roi d'Angleterre, qui en voulait beaucoup au comte de Mortain, commença par assiéger Tinchebray. Le duc Robert s'avança au secours de son allié, et les troupes du roi qui bloquaient Tinchebray se trouvèrent bloquées elles-mêmes. Alors Henri s'avança avec d'autres troupes pour les dégager, et les deux armées se trouvèrent en présence devant Tinchebray.

C'était là que devait se décider le sort de la Normandie. Les deux frères rangent leurs armées en bataille, et tous deux se placent au centre. Helie, comte du Mans, commandait l'arrière-garde de l'armée de Henri, et Robert de Montgommery, celle du duc. Le duc s'avance avec impétuosité sur son frère, le force de plier, et ses troupes se débandent pour le poursuivre. Alors Helie du Mans tombe à propos sur les troupes du duc, les met en déroute, fait le duc prisonnier, et Robert de Montgommery se sauve.

CHAPITRE XIII.

Robert de Montgommery fait sa paix avec Henri, entre en guerre de nouveau avec le comte de Mortagne, et de nouveau est excommunié.

La bataille de Tinchebray imprime une tache ineffaçable sur la conduite de Robert de Montgommery. Il paraît qu'il ne fit aucun effort pour délivrer le duc. D'ailleurs il ne tarda point à faire sa paix avec Henri, qui lui confirma toutes les possessions qu'il avait en Normandie, et qui lui donna en outre la vicomté de Falaise.

Après la bataille de Tinchebray, Henri envoya son pauvre frère dans les prisons d'Angleterre, où il mourut ; et récompensa magnifiquement tous les prêtres et moines qui l'avaient si bien servi. Il leur donna à tous des évêchés et des abbayes en Angleterre. *Il combla de biens,* dit M. Desnos, *les abbayes de Seès et de Saint-Evroult, pour entretenir le fanatisme du peuple, dont les moines étaient un des principaux agens.*

Robert de Montgommery, qui ne pouvait pas être tranquille un seul moment, suscita une nouvelle guerre à Rotrou II, comte du Perche. Le Perche fut le théâtre de cette guerre. Robert porta le fer et la flamme dans le Corbonnais, et ruina les malheureux vassaux de Rotrou.

Serlon, évêque de Seès, qui n'était pas très-lié avec Robert de Montgommery, qui d'ailleurs ne ménageait nullement les foudres de l'église, lança encore une fois l'excommunication contre lui ; et il paraît qu'il ne la leva que lorsque Robert se fut réconcilié avec Rotrou, qui avait deux puissantes récommandations ; il était gendre du roi d'Angleterre, et passait pour un seigneur très-religieux.

CHAPITRE XIV.

Robert de Montgommery est envoyé en ambassade vers Henri, et est fait prisonnier.

Si Henri avait quelques motifs pour dépouiller son frère, il n'avait aucun prétexte pour ne pas remettre la Normandie à Guillaume Cliton, fils du duc Robert.

Louis le Gros, roi de France, le comte d'Anjou et le comte d'Alençon, s'unirent pour mettre Cliton sur le trône ducal de son père, qui lui appartenait ; et pour affaiblir en même tems la puissance de Henri, qui leur donnait de l'ombrage.

Foulques, comte d'Anjou, confia le commandement de ses troupes au comte d'Alençon. Le roi d'Angleterre lui opposa une armée, dont il donna le commandement à Rotrou, comte de Mortagne, son gendre.

Rotrou ne fut jamais heureux dans les guerres qu'il eut à soutenir contre Robert de Montgommery. Celui-ci le fit prisonnier de guerre ; et on dit, ce qui n'est guère croyable, que le pauvre Rotrou

Rotrou fut enfermé dans un cachot fort étroit, où il était courbé; qu'il avait les cuisses attachées à des anneaux de fer, les jambes et les pieds renfermés dans une machine de bois, et qu'on ne lui donnait qu'autant d'alimens qu'il lui en fallait pour soutenir sa misérable vie.

De son côté, Louis le Gros avait remporté une grande victoire sur Henri, qui fut forcé de demander la paix. Le roi de France envoya Robert de Montgommery vers le roi d'Angleterre, à Bonneville-sur-Touques, pour en traiter. Le perfide Henri fit arrêter l'ambassadeur du roi de France, lui fit faire son procès par des commissaires, et le fit condamner à passer le reste de ses jours dans un cachot.

Le roi de France réclama fortement son ambassadeur; mais, comme il n'avait point d'armée pour appuyer ses raisons, elles ne furent point reçues; il s'adressa au pape Callixte II, qui était venu en France; il l'engagea à faire parler la justice et la religion en faveur de son ambassadeur, jeté dans les fers par Henri, au mépris de toutes les lois. *Legatum meum*, dit-il au pape, *vinculis injecit et in ergastulo truci coercuit.* Le pape se rendit pour cela à Gisors, auprès de Henri; mais Henri le gagna à force de présens, et le saint père prononça, *pronunciavit apostolicus,* dit Orderic Vital, *nihil Anglorum regis causâ justius esse, nihil facundiâ uberius.* Ainsi le pauvre ambassadeur mourut en prison, au château de Verrham, en Angleterre.

CHAPITRE XV.

Guillaume III.

Henri, qui avait violé le droit des gens, n'était pas un prince à respecter celui des particuliers; au lieu de remettre les terres de Robert de Montgommery à Guillaume, son fils, il les donna à son neveu Thibault, comte de Blois, qui les céda à son frère Étienne, comte de Mortain.

Le nouveau seigneur traita cruellement les habitans d'Alençon; il les accabla d'exactions; il exigea qu'ils lui remissent les enfans des deux sexes, qu'il fit renfermer dans le donjon. Les soldats de la garnison couraient jour et nuit dans les rues, et déshonoraient impunément les femmes et les filles. Enfin les habitans excédés députèrent Arnoult de Montgommery, frère de Robert, vers le comte d'Anjou, pour l'engager à les délivrer de la tyrannie, promettant de lui ouvrir les portes de la ville.

Foulques, comte d'Anjou, qui avait envie de faire entrer Guillaume dans l'héritage de ses pères, s'achemine vers Alençon, et vient camper entre la ville et Hertré.

Henri, apprenant cette nouvelle, rassemble à Scès une armée beaucoup plus forte que celle du comte d'Anjou, qui se tenait prudemment renfermée dans son camp, en attendant l'arrivée des Manceaux.

Les comtes de Blois et de Mortain ; pleins d'ardeur, marchent sur le camp, dont ils veulent forcer les retranchemens. Foulques envoie cent cavaliers et deux cents hommes de pied, qui sont repoussés ; il les fait soutenir par cent autres cavaliers et deux cents hommes de pied, qui sont encore forcés de plier. Foulques fait sortir de nouveau trois cents cavaliers et deux cents hommes de pied. Cependant arrivent les Manceaux, qui se rangent promtement en bataille, et fondent sur l'armée de Henri. En même tems Foulques sort de son camp, en criant : *Courage, braves soldats, voici votre comte, frappez à grands coups.* Alors l'action devient générale. Foulques remporte une victoire complète ; et Henri est forcé de se retirer dans la ville de Seès, avec les débris de son armée.

Cette célèbre bataille, qui fut donnée au mois de décembre 1118, dura tout le jour. Le lendemain, à trois heures du matin, Foulques fit chanter, par les moines du prieuré de Saint-Ysiges, une messe en l'honneur de la Vierge. L'église était pleine de prisonniers. Foulques, aussi pieux que brave, les renvoya tous, sans les mettre à rançon. Puis il somma la garnison du château de se rendre ; et elle capitula au bout de trois jours.

Dans cette bataille, le comte d'Anjou avait eu intention de faire prisonnier un des principaux seigneurs de la cour de Henri, pour l'échanger contre Robert de Montgommery. Il y en eut plusieurs de blessés ; mais aucun ne fut pris. Alors le comte, ne pouvant rendre la liberté au père, ne manqua pas, dans le traité qu'il fit avec Henri, de stipuler les intérêts de son fils Guillaume, qui fut mis en possession de tous les châteaux qui avaient appartenu à son père.

CHAPITRE XVI.

Guillaume III prend le parti du comte d'Anjou, et perd ses domaines.

Henri, roi d'Angleterre, qui n'avait qu'un fils, le perdit, en 1120, dans un des plus fameux naufrages dont il soit fait mention dans l'histoire; Il avait marié sa fille Mathilde à Geoffroy, fils de Foulques, comte d'Anjou, et lui avait promis pour dot plusieurs châteaux de Normandie.

Le gendre demanda au beau-père les châteaux qui lui avaient été promis; mais le beau-père, qui n'était pas très-fidèle à sa parole, et qui craignait de se dépouiller, refusa constamment son gendre; ils en vinrent à se brouiller, et même à se faire une guerre ouverte.

Guillaume III, qui devait au comte d'Anjou la rentrée dans ses domaines, ne manqua pas de se tourner de son côté et de prendre son parti. Le roi d'Angleterre, très-mécontent, le fit citer pour comparaître à sa cour; mais Guillaume, qui avait devant les yeux l'exemple de son père, arrêté à Bonneville, se donna bien de garde de comparaître. Alors le roi d'Angleterre marcha avec une armée sur la ville d'Alençon et s'en empara, ainsi que des autres châteaux de Guillaume.

Guillaume souffrit cette perte avec constance, et se refugia chez le comte d'Anjou, qui le reçut bien, et qui, pour le dédommager, lui donna les châteaux de Mamers, de Perray, et plusieurs autres places.

CHAPITRE XVII.

Guillaume rentre dans ses domaines, et continue de suivre le parti du comte d'Anjou.

LE fameux Henri, roi d'Angleterre, étant venu à mourir, Mathilde, femme du comte d'Anjou, devait lui succéder; mais le comte de Mortain s'empara du trône d'Angleterre. Plusieurs seigneurs des environs d'Alençon, Jean, évêque de Seès, les abbés de Saint-Martin et de Saint-Evroult, le reconnurent pour légitime souverain.

Guillaume, rentré dans ses domaines (*), ne manqua pas de suivre le parti du comte d'Anjou, ce qui attira de grands malheurs sur ce pays. Les seigneurs attachés au parti du comte de Mortain ravagèrent les environs d'Alençon; et, pour surcroît de peines, Jean, évêque de Seès, qui avait pris le parti de l'usurpateur, jeta un interdit sur les terres de Guillaume. On ne faisait plus de service divin à Alençon, plus de mariages, plus d'inhumations; les morts restaient sans sépulture.

———

(*) Foulques rendit à Guillaume toutes ses terres. *Totam in Normaniâ patris sui terram reddidit alencionem...*

Cette peine, injustement prononcée, n'empêcha point Guillaume de suivre le bon parti ; il reçut à Alençon le comte d'Anjou, l'accompagna dans toutes ses expéditions. Ils marchèrent d'abord sur Carrouges, qu'ils prirent après trois jours de siège ; ensuite sur le château d'Ecouché, et sur plusieurs autres places, dont ils s'emparèrent. On remarque que le comte d'Anjou, sortant d'Alençon pour s'en retourner, fut attaqué dans les bois de Malèfre par une troupe de voleurs, qui le pillèrent, et volèrent son argenterie, jusqu'à sa garde-robe.

CHAPITRE XVIII.

Guillaume part pour la Croisade.

LE comte de Mortain, usurpateur du trône d'Angleterre, ayant été fait prisonnier, le comte d'Anjou fut reconnu par tous les seigneurs pour le légitime héritier du royaume d'Angleterre et du duché de Normandie. La paix régna dans ce pays ; et Guillaume, qui était très-religieux, en profita pour prendre la croix avec un de ses fils.

C'était l'usage de ces tems-là. On courait dans la Palestine par des motifs biens différens. Les uns y allaient parce qu'ils croyaient gagner le ciel ; les autres pour expier leurs péchés, qui étaient très-grands ; les autres pour ne pas payer leurs dettes. Des moines, des religieuses même, quittaient leur cloître par esprit de dissipation.

Louis VII, roi de France, se mit à la tête des Croisés. Le seigneur d'Alençon partit avec son fils, en 1147. L'expédition ne fut pas fort heureuse. Le roi de France y perdit une partie de son armée, son argent et même son honneur. Le seigneur d'Alençon y perdit son fils, qui mourut à Éphèse. A son retour, le roi d'Angleterre le força de lui remettre les châteaux d'Alençon et de la Roche-Mabille, pour contenir les Manceaux.

Guillaume, plus dévot que sage, dépensa de grosses sommes à faire le voyage très-inutile de la Palestine, et à fonder un grand nombre d'abbayes et de prieurés. Il fonda les abbayes de Saint-André-en-Gouffern, de Perseigne (*), de Vignas, de Valoires; les prieurés de la Cochère, de Mamers; et donna des biens aux abbayes de Seès et de Saint-Evroult, qui étaient déjà fort riches. Ce seigneur mourut en 1171, et laissa cinq enfans légitimes et autant de bâtards.

CHAPITRE XIX.

Jean I.

Il paraît que Henri II, roi d'Angleterre, n'ayant plus rien à craindre des Manceaux, remit à Jean les châteaux d'Alençon et de la Roche-Mabille

---

(*) On lit dans l'acte de la fondation de Perseigne : *Pro animæ meæ et prædecessorum atque successorum salute ex propriis meis fundavi....*

mais si Henri II fut délivré des guerres étrangères, il s'éleva de si grandes divisions dans le sein de sa famille, qu'il fut obligé de faire la guerre à ses propres enfans.

L'aîné de ces enfans, qu'on appelle Henri le jeune, pour le distinguer de son père, excité par le roi de France, dont il avait épousé la fille, demanda à son père le royaume d'Angleterre, ou au moins le duché de Normandie. Le père ne voulut rien accorder.

Au milieu de la nuit, le fils quitta Chinon, où était la cour, arriva le lendemain à Alençon, prit avec lui Jean, l'emmena à Argentan, de-là à Mortagne, où il lui fit prêter serment de fidélité. Henri, ayant appris l'évasion de son fils, se mit à sa poursuite, arriva à Alençon le jour même que son fils venait d'en partir, remit dans sa main le château, y passa les fêtes de pâques, pendant lesquelles il tint sa cour plénière, suivant l'usage de ce tems-là.

Henri II ayant été obligé de passer en Angleterre, son fils, accompagné du seigneur d'Alençon, fit de grands ravages dans ce pays ; il essaya de s'emparer de la ville de Seès ; mais il ne put réussir. La paix se fit, et Jean rentra dans ses possessions.

La guerre ayant recommencé, Jean prit encore contre Henri le parti de ses enfans, qui se révoltaient à chaque instant, et qui firent mourir leur père de chagrin. Quelque tems après, Jean I mourut à Alençon, et fut inhumé dans l'abbaye de Perseigne.

CHAPITRE XX.

Robert III.

Robert succéda à son père (*). Au lieu de rester tranquille chez lui à gouverner sa maison et à protéger ses vassaux, il se prépara à partir pour une nouvelle Croisade. Philippe Auguste, roi de France, et Richard, roi d'Angleterre, se mirent à la tête des Croisés. Après la prise d'Acre, Philippe Auguste s'en revint en France, et Richard, en s'en revenant, fut arrêté prisonnier par le duc d'Autriche. Robert resta encore quelque tems dans la Palestine.

En son absence, les seigneurs de Normandie, ayant appris l'arrestation de Richard, leur souverain, s'assemblèrent à Alençon pour délibérer sur les moyens de le délivrer, *ad tractandum de negotiis regis et liberatione ejus*; mais pendant ce tems-là, Jean, son jeune frère, s'emparait de la Normandie, par les conseils de Hugues de Nonant, son favori, qu'il est bien à propos de faire connaître.

Hugues de Nonant, évêque de Chester et légat du Saint-Siége, fut un des plus grands scélérats du monde. On dit que, se voyant dangereusement

---

(*) Je ne parle point de Jean, frère aîné de Robert, qui ne vécut que deux mois, ni de Jean, fils du même Robert, désigné comte d'Alençon, et qui mourut avant son père.

malade, tourmenté par les remords, il assembla un grand nombre d'abbés et de moines, auxquels il confessa publiquement ses péchés. Tous frémirent au récit horrible, et s'entre-regardaient sans oser parler. *Je vois votre embarras*, s'écrie Nonant, *vous ne connaissez point de pénitence proportionnée à mes crimes. Eh bien ! donnez-moi l'absolution, et imposez-moi la pénitence de demeurer dans le purgatoire jusqu'au jour du jugement.* Tous ses confesseurs y consentirent, et lui imposèrent la pénitence qu'il demandait. Ce mode de confession publique et scandaleuse, la pénitence, plus extraordinaire encore que la confession, pourraient faire douter de ce fait, s'il n'était attesté par un grand nombre d'historiens. *Hugo nunantinus*, dit Guillaume de Neubrige, *erat audax, et inverecundus ad ausus improbos.*

Le seigneur d'Alençon arriva enfin de sa lointaine expédition, pour laquelle il avait fait de grosses dépenses, dont il se crut bien dédommagé, en apportant une portion de la vraie croix, qu'il déposa sur l'autel de l'abbaye de Perseigne, *en action de graces de ce qu'il avait échappé à la fureur des ennemis et aux périls de la mer.*

Richard étant mort peu de tems après son retour, la Normandie devint l'objet d'une longue contestation, et le théâtre d'une guerre cruelle. Jean, le plus jeune des frères de Richard, s'en empara. Arthur, duc de Bretagne, fils de Geoffroy, qui était l'aîné, voulut faire valoir ses droits. Arthur fut fait prisonnier par son oncle, qui l'égorgea, dit-on, de ses propres mains.

Toute la France frémit du crime horrible: Philippe Auguste cita le roi Jean, qui ne comparut point. Les pairs le condamnèrent à mort, et déclarèrent toutes ses terres, situées en France, confisquées au profit du roi.

Le seigneur d'Alençon, rempli de justice et de religion, ne voulut plus avoir de rapport avec l'assassin d'Arthur, et fut un des premiers seigneurs de Normandie qui reconnurent Philippe; il lui remit même le château d'Alençon.

Jean irrité contre Robert, qui s'était soumis le premier au jugement des pairs, s'avança promtement sur Alençon, pour en former le siége; et Philippe se hâta de secourir un de ses meilleurs amis. Comme il n'avait pu réunir assez de troupes pour faire lever le siége, il se transporta à Moret, où un grand nombre de chevaliers s'étaient réunis pour un tournois. *Braves chevaliers*, leur dit-il, *Jean d'Angleterre, le meurtrier d'Arthur, la honte de la chevalerie, assiège dans ce moment le château du preux chevalier Robert, marchons à son secours. Les plaines d'Alençon...... voilà le champ de l'honneur et de la gloire.* Tous les chevaliers partent sur-le-champ; mais Jean ne les attendit pas; il leva promtement le siége, sans avoir le tems d'emporter ses tentes ni son bagage.

Voilà une expédition bien brillante, et entreprise par de bons motifs. Il s'en faisait une autre contre les pauvres villageois du Languedoc, dont les motifs, quoique célestes, ne me paraissent point aussi purs. On égorgeait impitoyablement des Chrétiens qui ne pensaient pas tout-à-fait comme les Catholiques. Robert, plus pieux que sage, se croisa encore pour cette guerre, qu'il fit pendant quarante jours, terme de son pèlerinage.

A son retour de cette Croisade, Robert mourut, en 1219, et fut inhumé dans l'abbaye de Perseigne, où était le tombeau des seigneurs d'Alençon. De trois femmes qu'il épousa, il ne laissa que trois enfans, Jean qui mourut avant lui; Robert, né après la mort du père, qui ne vécut que deux ans; et une fille, nommée Mahaud, mariée au comte de Chartres et morte sans enfans. Ainsi fut éteinte la branche des Montgommery d'Alençon.

LIVRE IV.

Seigneurs d'Alençon, de la maison royale de France.

CHAPITRE PREMIER.

Pierre I, comte d'Alençon.

On ne sait à quelle époque la seigneurie d'Alençon fut érigée en comté; mais il est bien certain que si elle ne l'avait point été auparavant, elle le fut lorsqu'elle passa au fils de France.

Sans y comprendre deux reines, la maison royale de France a fourni quatorze seigneurs à Alençon, Pierre I, Charles I, Charles II, Charles III, Pierre II, Jean II, Jean III, René, Charles IV, Marguerite de Valois, François, Gaston, Elisabeth d'Orléans, et Louis-Stanislas-Xavier de France.

Philippe Auguste, qui possédait la Normandie par droit de confiscation, était bien-aise de réunir les grands fiefs. En conséquence il traita avec Emeric de Châtelleraut et Robert Mallet, héritiers de Robert III; et acheta, par contrat passé en 1220, Alençon avec ses dépendances, qu'il garda dans ses mains; ainsi que son fils Louis VIII, qui ne régna que trois ans. Voici un extrait de l'acte tiré du *registrum velutum*. *Hemericus et Hela, soror Roberti, quondam comitis de Alençon, et Robertus Mallet, notum facimus universis quod dedimus et concedimus domino nostro Philippo, Francorum regi, Alenceium et Alencenesium cum eorum pertinentiis in nemoribus et aquis, et forestam quæ dicitur Escoves, et hayam de Ferreria, et forestam de Chaumont, et forteristitiam de Rupe Mabirit.*

Louis IX, qui avait beaucoup d'enfans, donna en apanage à Pierre, son cinquième fils, le comté d'Alençon, Essay et les forêts, pour lui et pour ses descendans.

Ce prince, aussi pieux, aussi brave que son père, s'embarqua avec lui, en 1270, à Aigues-Mortes, passa en Afrique, assista au siége de Tunis, et aida à prendre le château. Ce fut là que le roi, avant de mourir, lui donna dix mille livres en fonds de terres, pour augmenter son apanage. Philippe le Hardi, son frère, augmenta encore son apanage de six mille livres de rente, de l'hommage de Saint-Cénery et de Hauterive; il lui donna en outre tous les Juifs établis dans ses possessions, qu'on vendait alors comme des terres. *Philippus Dei gratiâ Francorum rex... Omnes qui in dictis terris morantur, prædicto fratri nostro liberati. Actum Parisiis, anno* 1281.

Tous les Français ayant été horriblement massacrés dans la Sicile, Pierre d'Alençon partit pour l'Italie, afin de commander l'armée qu'on envoyait contre Dom Pèdre, roi d'Aragon, qui était venu au secours des révoltés.

Le comte d'Alençon s'exposa comme un soldat; et eut le malheur d'être blessé dans une rencontre. Il se fit transporter à Salerne, dont la fameuse école ne put le guérir, et où il mourut en 1282.

Par son testament, ce prince demanda que son *orde charogne* fût transportée aux Cordeliers de Paris, et fit plusieurs dons à l'hôpital d'Alençon et à la léproserie. Il paraît que dans ce tems-là on ne fondait plus guère d'abbayes. On fondait plutôt des hôpitaux pour les pauvres, et des maisons pour les lépreux qui revenaient de la Terre-Sainte.

Jeanne de Chatillon, sa femme, aussi pieuse que son mari, fit aussi plusieurs donations. Par son testament, elle donna *aux pouvres mesnagers de la terre d'Alençon cent quarante-cinq livres.* Item *deux cent cinquante livres as pouvres pucelles de ladite terre, marier, ou mettre en religion.* Item *deux cent cinquante livres as pouvres gentils fames de ladite terre.*

CHAPITRE II.

Charles I.

Pierre avait eu deux fils, dont l'un mourut à l'âge d'un an, et l'autre à l'âge de quatorze mois. Le comté d'Alençon retourna à Philippe, qui le donna à Charles son troisième fils, avec le comté de Valois, celui de Chartres et douze mille livres de rente.

Ce prince était déjà fort riche. Le pape, qui venait de déposer Dom Pèdre, et de délier ses sujets du serment de fidélité, lui donna le royaume d'Aragon. Comme il fallait une armée pour appuyer la donation du pape, Charles entra dans la Catalogne avec cent mille hommes de pied et vingt mille chevaux, et s'empara de plusieurs places fortes : mais il laissa commettre par ses troupes croisées, dit l'abbé Velly, *des atrocités dont les païens même auraient horreur ;* et il fut forcé par les maladies de rentrer en France.

Le pape, très-généreux, avait aussi donné au comte d'Alençon l'empire de Constantinople, avec le droit de lever une dîme sur tous les biens ecclésiastiques de France, d'Italie, d'Angleterre, de Sicile, de Sardaigne, de Corse...... Mais le comte d'Alençon n'usa point d'un droit qu'on aurait bien pu lui contester, et n'eut jamais que le vain titre d'empereur de Constantinople.

Ce prince fut presque toujours à la tête des armées. Le comte de Hainaut s'étant révolté, Charles marcha contre lui avec une armée, et le força de venir à Paris demander pardon au roi.

Peu de tems après Charles passa dans la Guyenne, s'empara de la Réole, de Saint-Sever ; battit Edmond, frère du roi d'Angleterre; et le força de se retirer dans Bayonne, où il mourut de ses blessures.

A peine Charles fut-il de retour de son expédition en Guyenne, qu'il fallut marcher en Flandres.
Le

Le comte, qui s'était révolté, fut forcé de venir à Paris, avec ses deux fils, implorer la miséricorde du roi.

Le comte avait toujours été fort heureux dans ses expéditions; mais il ne le fut pas autant dans une expédition qu'il fit en Italie. Les commencemens de la campagne furent très-brillans, il pénétra jusques dans le royaume de Naples; mais la fin fut moins heureuse, comme l'ont été presque toutes les expéditions des Français dans ce pays. La maladie se mit dans son armée, et il fut forcé de faire la paix à des conditions désavantageuses.

A son retour d'Italie, Charles fut envoyé en Flandre, où il fut fait lieutenant général. Les Flamands pénétrèrent dans son camp; Charles eut peur, et se sauva; mais peu de tems après il revint à la charge avec un corps de cavalerie, et remporta une victoire complète. Sa vie, comme on le voit, fut presque toute militaire; il se comporta toujours très bravement, excepté à la bataille de Mons-en-Puelle, où il parut avoir peur.

La destruction des Templiers imprima encore une petite tache sur sa vie. Il assista au concile de Vienne, où l'on prononça la sentence qui les supprimait; et il était trop bien auprès de son frère Philippe, pour n'avoir point eu part à la condamnation de ces braves chevaliers, qui périrent au milieu des flammes, sur l'imputation des crimes les plus absurdes. La procédure fut tellement irrégulière, qu'on renvoyait ceux qui s'avouaient coupables, et qu'on brûlait ceux qui protestaient de leur innocence. Ce qui achève de faire croire que le comte d'Alençon participa à ce meurtre juridique, c'est qu'il eut une très-grande part dans les dépouilles.

Il est une autre tache qui ne flétrit pas moins la mémoire du comte d'Alençon, c'est le supplice d'Enguerrand de Marigny. Dans une explication qu'eut ce ministre avec Charles, au sujet de l'emploi de quelques deniers, il affirma devant le roi qu'il en avait donné au prince : *Vous en avez menti*, dit le comte d'Alençon : *Non par Dieu*, répliqua l'intendant, *c'est vous*. Parole indiscrète et peu réfléchie ! Le prince, indigné, lui fit faire son procès, et présida lui-même le tribunal, qui le condamna à mort. Marigny fut pendu, et son corps fut attaché au gibet de Montfaucon.

Depuis ce tems le comte d'Alençon fit encore quelques expéditions militaires ; mais les remords le poursuivaient par-tout ; les ombres de Molay, de Marigny, l'obsédaient sans cesse ; il croyait voir ces tristes victimes lui reprocher amèrement leur mort et leur supplice.

Ce prince, ayant été attaqué de paralysie, disait hautement que c'était une punition de Dieu, pour avoir envoyé Marigny à la mort. Il fit faire une distribution d'argent à tous les pauvres de Paris par ses officiers, qu'il avait chargés de dire à chaque pauvre : *Priez Dieu pour monseigneur Enguerrand, et pour monseigneur Charles*. Il mourut à Nogent, en 1325. Son corps fut inhumé dans l'église des Jacobins de Paris, et son cœur porté dans celle des Cordeliers.

Sous ce prince, en 1320, dit Bry, fut tenu l'échiquier à Alençon. Y fut jugé le procès entre le procureur d'une part, et les hommes de la seigneurie de la Rochelle d'autre part, touchant l'usage que lesdits hommes disaient avoir en la forêt d'Ecouves. Lequel procès fut vidé à l'intention desdits hommes contre le procureur.

Le pape Boniface VIII ayant mis Louis IX au catalogue des saints, le comte d'Alençon, son petit-fils, éleva en son honneur une église dans l'île du Boulevard, et fonda plusieurs chapelains pour la desservir. C'est surement la première église qui ait été consacrée à saint Louis dans la Normandie.

CHAPITRE III.

Charles II.

CHARLES I avait épousé trois femmes, dont il eut quatorze enfans. Philippe l'aîné eut en partage le comté de Valois. Charles le second eut celui d'Alençon, avec le titre de pairie, les châteaux de Moulins, de Bons-Moulins, de Mortagne, de Mauves, la forêt de Bellême, le comté de Porhoët, et la seigneurie de Fougères en Bretagne. Après la mort de son frère Louis, comte de Chartres, le comte d'Alençon joignit à ces biens beaucoup d'autres terres; et bien d'autres encore, lorsque son frère Philippe fut monté sur le trône de France.

Charles d'Alençon assista au sacre de son frère, qui se fit en 1328. La couronne n'était pas très-affermie sur la tête de Philippe de Valois. Édouard, roi d'Angleterre, prétendait la porter, en qualité de petit-fils de Philippe-le-Bel, par sa mère. La France fut déchirée à cette occasion par une longue guerre.

Philippe exigea du roi d'Angleterre qu'il lui rendît hommage pour les fiefs qu'il possédait en France. On disputa beaucoup sur la nature de l'hommage. Edouard ne se décidant pas promtement, le comte d'Alençon marcha avec une armée sur Saintes, qu'il prit et démolit. Alors le roi d'Angleterre se soumit à tout.

Ce roi, qui prenait le titre de roi de France, avait joint aux léopards les fleurs de lis, qui y ont toujours été réunies jusqu'au règne de Georges III ; et vint débarquer à la Hogue, en 1346, pour s'emparer du royaume. Après avoir parcouru la Normandie et la Picardie en vainqueur, il s'arrêta sur une hauteur qui domine le village de Crécy ; et ce fut là qu'il attendit l'armée française.

Fatigués d'une longue marche, les Français arrivèrent à Crécy le 26 août. Leur armée était forte de quatre-vingt mille hommes, et les Anglais n'en avaient que quarante mille. Philippe voulait qu'on différât l'attaque jusqu'au lendemain ; mais le Français, toujours vif et impétueux, n'eut pas la patience d'attendre. *Chargeons*, dit le *comte d'Alençon*, et il pénétra jusqu'au centre de la bataille, où commandait le prince de Galles. On se battit avec un grand acharnement de part et d'autre; mais enfin les Français furent mis en déroute, et perdirent vingt-cinq à trente mille hommes. Le comte d'Alençon y fut tué, avec environ quinze cents gentilshommes, la fleur de la noblesse française.

C'était un prince très-brave et *très-pompeux*, dit un ancien écrivain; il venait souvent à Alençon, dont il avait augmenté et embelli le château. Il fut inhumé aux Jacobins de Paris avec plusieurs gentilshommes du comté d'Alençon, tués en combattant à ses côtés.

CHAPITRE IV.

Charles III.

Charles II laissa cinq enfans. L'aîné, nommé Charles, comte d'Alençon, n'avait encore que neuf ans, lorsque son père fut tué à Crécy.

Marie d'Espagne fut nommée tutrice de ses enfans. C'était une princesse très-prudente et très-économe, qui augmenta beaucoup les biens de la maison d'Alençon. Elle nomma des commissaires pour réformer l'administration des forêts, qui a subi souvent des réformes. Elle se fit représenter les titres de tous ceux qui avaient des droits, en vertu d'une possession immémoriale. L'ouvrage porta le nom de *Livre de Marie d'Espagne*.

Le jeune comte, âgé de treize ans, assista au sacre du roi Jean, son cousin germain; et le même jour, il fut armé chevalier par le roi lui-même.

La France fut affligée de grands malheurs. Le comte d'Alençon tenait de trop près à la cour pour ne pas les ressentir, et ce pays fut le théâtre des plus sanglantes tragédies.

Charles d'Espagne, connétable de France et favori du roi, venant pour voir son parent, le comte d'Alençon, fut assassiné dans son lit, à Laigle, dans une hôtellerie où il était logé, par les satellites de Charles II, roi de Navarre, surnommé le Mauvais. Toute la France frémit de ce crime horrible. Le roi jura d'en tirer vengeance; et il ne la différa quelque tems que pour la rendre plus complète.

Le dauphin, étant à Rouen, pria à manger le roi de Navarre et ses favoris. Au milieu du repas, tous furent arrêtés. Le roi fut jeté dans un cachot. Ses amis furent envoyés à la mort, et décollés, en présence du roi Jean et du dauphin; ensuite leurs corps furent traînés au gibet.

Ce crime abominable fut le signal d'un soulèvement général en Normandie. Philippe et Louis, frères du roi de Navarre, mirent tout à feu et à sang. Secondés du duc de Lancastre, qui était descendu dans le Cotentin avec une troupe d'Anglais, ils ravagèrent toutes les terres du duc d'Alençon. Dans la crainte qu'ils ne s'emparassent du château, Jean Boullet, qui y commandait, fit raser tous les faubourgs d'Alençon, démolir le prieuré de Saint-Ysige, situé à Lancrel (*), et l'Hôtel-Dieu, situé à Monsort, dans un bon air.

D'un autre côté le prince de Galles, connu sous le nom de *Prince Noir*, s'avança jusqu'à Poitiers. Le roi Jean marcha au-devant de lui avec une nombreuse armée, livra le combat, et fut entièrement défait, avec son armée de quarante mille hommes, quoique les Anglais n'en eussent que douze mille. Les principaux chevaliers de la France y périrent, et le roi lui-même fut fait prisonnier.

CHAPITRE V.

Charles prend l'habit de Dominicain.

LE comte d'Alençon, affligé de tous ces malheurs et dégoûté du monde, prit l'habit de saint Dominique. Sa mère s'opposa long-tems à l'émission de ses vœux; elle intéressa même pour cela le pape, qui envoya un commissaire pour examiner sa vocation, qui parut très-décidée.

En conséquence le comte d'Alençon prononça ses vœux; et l'on vit un des princes du sang de France se soumettre aux plus rigoureuses pratiques de la règle de saint Dominique, prendre un bissac sur ses épaules et aller faire la quête.

(*) Ce prieuré pourrait bien avoir été l'ancienne forteresse de Lancrel, dont il est parlé dans plusieurs anciens titres.

L'humble Dominicain ne tarda point à devenir archevêque de Lyon; et, se souvenant toujours un peu de sa haute naissance, il sut bien conserver toute la dignité de sa place. Ayant eu quelques contestations avec les officiers du roi, il les chassa de la ville de Roanne. Les officiers le chassèrent à leur tour. L'archevêque les excommunia, jeta un interdit sur la ville. Quelques chanoines ne voulant point se soumettre à son interdit, il les condamna à faire amende honorable, *la torche au poing*, et à lui demander pardon.

L'archevêque fit si bien par son opiniâtre fermeté, qu'il resta le maître et des chanoines et des officiers du roi. Pour perpétuer la mémoire de cet événement, l'humble religieux, qui avait porté la besace, fit graver ses armes sur une pierre, avec cette inscription, *Subjugavit*.

CHAPITRE VI.

Pierre II.

Par la profession de Charles III, le comté d'Alençon devait appartenir à Philippe, second fils de Charles II; mais il n'en avait guère de besoin, ayant embrassé l'état ecclésiastique. A dix-sept ans, il était évêque de Beauvais; et, à vingt-un, archevêque de Rouen.

Cet archevêque fut au moins aussi entêté que l'archevêque de Lyon, son frère. Un clerc marié, qui avait commis plusieurs vols, fut condamné par le bailli de Rouen à être pendu. L'official réclama le coupable. Le bailli refusa de le livrer. Alors l'official excommunia le bailli; le fit dénoncer comme excommunié dans toutes les places publiques, dans toutes les églises du diocèse, au son des cloches et à l'extinction des cierges. Le roi et le parlement prièrent l'archevêque de lever l'excommunication; tout fut inutile. On saisit son temporel; on le força de quitter son château de Gaillon; tout fut encore inutile. Aussi intrépide que saint Thomas de Cantorbery, Philippe se retira auprès du pape Gregoire XI, qui le nomma patriarche de Jérusalem. Après la mort de Gregoire, le schisme divisa l'église; l'archevêque de Rouen se retira auprès d'Urbain, qui le créa cardinal; il mourut à Rome, en 1397, et fut inhumé dans l'église Notre-Dame de la Rotonde (*).

Dès l'an 1367, Philippe avait cédé à son frère Pierre le comté d'Alençon, sans s'y réserver aucuns droits ni revenus. Lors du traité de Brétigny, il fut arrêté que Pierre d'Alençon passerait en Angleterre, comme ôtage du roi. Ce prince fut très-religieux observateur du traité; et quoiqu'il eût pu, d'après certaines clauses, se dégager, il ne voulut jamais le faire que toutes les conditions

---

(*) Les prêtres le regardaient comme un saint, parce qu'il avait soutenu avec fermeté les droits de l'église, à l'exemple de saint Thomas de Cantorbery. Perceval de Cagny dit *que Dieu fit et a fait de moult beaux miracles pour lui.*

ne fussent remplies, et que le roi d'Angleterre ne fût satisfait.

De retour d'Angleterre, le comte d'Alençon servit avec distinction, sous le connétable Duguesclin. En 1370, il suivit le connétable, qui battit les Anglais dans le Maine, et fit prisonnier Thomas Grandson. En 1372, il accompagna le même général dans le Poitou, l'Aunis et la Saintonge, où les Anglais furent également battus. L'année suivante, Duguesclin ayant été chargé de commander une armée destinée à agir contre le duc de Bretagne, Pierre d'Alençon le suivit encore; et reçut, au siége de Hennebon, une blessure dont il se ressentit toute la vie.

Depuis sa blessure de Hennebon, le prince ne parut plus guère dans les armées ni à la cour; il résida constamment dans son château d'Alençon, qu'il fit augmenter, en ajoutant quatre tourelles au donjon; dans celui d'Argentan, qu'il fit aussi augmenter et embellir; et dans celui d'Essay, qu'il fit bâtir sur l'emplacement qu'on appelait *Castrum de Esse*. Il fut très-économe dans sa retraite, et fit beaucoup d'acquisitions.

Ce prince avait cependant une cour très-brillante et un grand nombre d'officiers, dont deux eurent une singulière querelle, et qui finit bien tragiquement.

Jean de Carrouges et Jacques le Gris étaient tous deux chambellans de Pierre. Jean de Carrouges avait épousé en secondes noces Marie de Thibouville, très-belle femme, dont il était un peu jaloux. Obligé de s'absenter, il avait conduit sa jeune épouse au château de Capomenil, près Saint-Pierre-sur-Dives. Quelques jours après, la mère de la jeune femme étant allée à Saint-Pierre, la dame de Carrouges fut déshonorée, et n'en parla point à sa mère.

Carrouges, à son retour, trouvant sa femme accablée de chagrin, lui en demanda la cause. Elle lui déclara qu'un jour un nommé Louvet, ami de Jacques le Gris, était entré chez elle, et l'avait priée de vouloir bien accorder une entrevue à son ami, épris d'amour pour elle ; qu'aussitôt Jacques le Gris était entré, lui avait pris les mains, l'avait cajolée, l'avait entraînée dans une chambre, à l'aide de Louvet, lui avait fait violence ; puis lui avait offert de l'argent.

Jean de Carrouges, au lieu de renfermer cet aveu prudemment dans le secret, éclata comme un furieux, vint à Argentan se jeter aux pieds du duc, et lui demander justice. On ne fit qu'en plaisanter à la cour de Pierre ; mais, sur la demande de le Gris, le comte assembla son conseil, composé d'évêques, d'abbés et de chevaliers, qui déchargèrent le Gris de l'accusation.

Carrouges ne s'en tint pas là ; il s'adressa au roi, qui renvoya l'affaire au parlement de Paris. Le Gris, qui jouissait du privilége de la cléricature, qui avait beaucoup d'esprit, présenta à la cour du parlement d'éloquens mémoires. Il exposait « qu'il avait toujours vécu en homme d'honneur; » que Jean de Carrouges passait pour un misan- » thrope et un jaloux; qu'il n'avait jamais vu » sa femme qu'une fois, sur l'invitation et en

» présence de son mari; qu'il n'avait pu se rendre
» au château de Capomenil, le 18 janvier, jour
» de l'attentat commis sur sa femme; qu'il y a
» neuf grandes lieues d'Argentan à Capomenil;
» que les chemins étaient très-mauvais dans cette
» saison, les jours très-courts; que, le 17 janvier,
» il avait assisté au souper du comte d'Alençon;
» que, le lendemain 18, jour de l'attentat, ses
» amis Belloteau et Taillepied, écuyers, étaient
» venus le trouver au lit; qu'il les avait présentés
» au prince; qu'il avait assisté à la messe, dîné
» avec eux; et qu'il y était resté jusqu'au soir;
» qu'il avait eu l'honneur de souper avec le prince ».
Tous ces faits étaient prouvés. L'*alibi* était constant. Le parlement aurait dû acquitter le Gris; mais Carrouges demanda le gage de bataille; le Gris était trop brave pour ne pas l'accepter; et le parlement eut la faiblesse de l'accorder. C'était la justice de ce tems-là.

On prépara des lices derrière le Temple, à Paris. Le roi s'y rendit avec toute sa cour. Le Gris, qui n'était qu'écuyer, fut armé chevalier. Les deux champions combattirent d'abord à cheval, avec un avantage égal; puis ils combattirent à pied. Le Gris blessa Carrouges à la cuisse; mais, en le frappant, il eut le malheur de tomber. Carrouges se précipite sur lui, le force d'avouer son crime. Le Gris persiste à protester de son innocence, et jure sur la damnation de son ame qu'il n'est point coupable. Aussitôt Carrouges lui plonge son épée dans le sein, et va à Notre-Dame remercier Dieu du meurtre qu'il vient de commettre. Le cadavre du malheureux le Gris fut livré au bourreau, qui le pendit au gibet de Montfaucon.

Quelque tems après, un écuyer, arrêté pour crime, déclara à la justice que le Gris était innocent, et que c'était lui qui avait fait violence à la dame de Carrouges. La dame de Carrouges, pénétrée de douleur pour la témérité de son accusation, se fit recluse, et mourut dans sa cellule.

Revenons au comte d'Alençon, qui fut très-fâché du malheur arrivé à son favori. Ce prince, quoique dévot, et membre de la confrérie de Notre-Dame d'Alençon, ne laissait pas d'être un peu galant. En allant au Perche voir la dame de Blandé, sa maîtresse (*), il allait en même tems faire des retraites au Val-Dieu. Il aimait beaucoup cette maison, où il avait fondé quatre chartreux, et où il fut inhumé en 1404. Son épitaphe commence par un misérable calembourg.

Au Val-Dieu, dessous cette pierre,
Repose le comte Pierre.

Sa fille Jeanne, qui habitait une petite cellule auprès de celles des moines, fut inhumée à côté de lui.

On voit, dans un des cabinets de la bibliothèque de la ville d'Alençon, les portraits de Pierre II et de sa fille, peints par Jolain.

___

(*) Pierre II donna, en 1387, à Michel Blandé, époux de ladite dame, la capitainerie de Saint-Denis-de-Nogent.

CHAPITRE VII.

Jean II.

Ce seigneur, connu dans l'histoire sous le nom de Jean I, porta le titre de duc d'Alençon. Le comté ayant été érigé en duché pairie, en 1414. *Carolus, Dei gratiâ Francorum rex... Comitatum Alenconii ereximus et erigimus in ducatum... Ducatûs dignitate volumus gaudere... Datum Parisiis, in nostrâ sacrosanctâ capellâ, an.* 1414.

Les malheurs de ce prince commencèrent de bonne heure. A la mort de son père, il était encore très-jeune, et sa mère Marie de Chamaillard n'était pas dans le cas de conduire son fils. Cette femme avait la tête très-faible. Ce fut le fils lui-même, qui, à l'âge de dix-neuf ans, fut nommé curateur de sa mère.

Deux factions terribles agitaient alors la France. La faction bourguignone et la faction d'Orléans. Le comte d'Alençon aurait bien fait, s'il l'avait pu, de ne pas s'en mêler; mais, s'il eut tort de prendre un parti, il eut au moins la sagesse de prendre celui qui paraissait le plus juste.

Le duc de Bourgogne venait de faire assassiner le duc d'Orléans. Le seigneur d'Alençon, qui était alors dans ses terres, fut saisi d'indignation; il se rend sur-le-champ à Paris, auprès de la duchesse d'Orléans et des principaux seigneurs du royaume, et s'unit à la ligue qui se forma, pour venger la mort de son parent et de son ami.

Les deux factions en vinrent souvent aux mains. Elles furent alternativement maîtresses de Paris et du roi ; mais la faction d'Orléans étant la plus faible, la faction bourguignone ravagea plusieurs fois impunément les terres du seigneur d'Alençon. Le connétable lui-même vint, sous le nom du roi, obsédé par cette faction, attaquer Saint-Remi-du-Plain.

Le seigneur d'Alençon envoya Raoul de Gaucourt pour défendre Saint-Remi ; il partit d'Alençon avec huit cents hommes d'anciennes troupes et huit cents paysans, et il comptait bien surprendre les assiégeans ; mais un déserteur en ayant donné avis au connétable, le connétable surprit lui-même ceux qui voulaient le surprendre : il cacha cinq cents hommes d'armes dans un chemin creux ; et pendant que les Alençonnais s'avançaient, en criant *Alençon, Alençon*, le connétable tomba sur eux, en criant *Ribaudaille, Ribaudaille* ; il mit par-tout le désordre, et en fit un grand carnage. Le peu qui échappa se retira dans le château d'Alençon.

Les différens partis qui divisaient la France auraient bien fait de vider ensemble leurs querelles, et de ne point appeler les Anglais. Henri V voulut profiter de ces divisions pour s'emparer de la France ; il était débarqué pour cela en Normandie, et se trouvait à Azincourt en Artois. Les Français étaient au moins trois fois supérieurs en nombre ; et, croyant avoir bon marché des Anglais, ils font avancer l'avant-garde, qui fut défaite. Le brave duc d'Alençon, indigné, fait avancer le corps qu'il commandait, il pénètre jusqu'au quartier du roi, s'élance sur le roi même, et d'un coup de hache abat une partie de sa couronne d'or; il avait le bras levé pour frapper un second coup, lorsque Henri l'étend à ses pieds. Ainsi périt ce prince, qui passait pour le plus bel homme et le plus brave de son siècle. Son corps fut apporté à Seès, et inhumé dans l'abbaye de Saint-Martin.

L'armée française fut totalement défaite, et quatorze cents gentilshommes furent faits prisonniers de guerre. Quand on pense aux batailles de Crécy, Potiers et Azincourt, on est fâché de ne pouvoir répondre au *dicton*, qui est presque devenu proverbial en France: *Les A glais sont des lâches, qui ne savent pas se battre sur terre.*

CHAPITRE VIII.

Jean III (*).

LE brave Jean II avait eu de son mariage avec Marie de Bretagne six enfans, dont Jean III, qui lui succéda. Ce fut un grand malheur pour lui de perdre son père d'aussi bonne heure; il n'avait encore que dix ans, lorsqu'il fut obligé d'abandonner toutes ses possessions, et de se retirer à l'armée du dauphin.

En 1417, le roi d'Angleterre descendit à Touques.

(*) Il est connu dans l'histoire sous le nom de Jean II.

Après

Après s'être emparé des villes de Caen et de Bayeux, il se présenta devant le château d'Argentan. Guillaume l'Arsonneur, qui y commandait pour le duc, fut obligé de capituler. D'Argentan le roi d'Angleterre se rendit à Seès, dont il s'empara; puis, ayant passé la Sarthe, il vint camper à Monsort, dans un bel emplacement, qui prit delà le nom de Champ-du-Roi, qu'on a changé en celui de Champ-de-l'Egalité. Jean d'Aché, surnommé *le Petit Galois*, commandait dans le château d'Alençon. C'était un des braves de ce tems-là; mais, comme sa garnison était faible, et qu'il n'avait ni munitions ni espoir d'être secouru, il fut obligé de capituler au bout de huit jours.

Le roi d'Angleterre entra le 22 octobre dans le château d'Alençon, où il demeura jusqu'au mois de décembre. Pendant son séjour, il établit à Alençon une administration civile et militaire; il nomma Leintale bailli d'Alençon, Talbot commandant des frontières de Normandie de ce côté-là, et Arondel son lieutenant.

Il se commit surement dans ce pays bien des brigandages et bien des meurtres; mais ce fut plutôt la faute de quelques subordonnés, sans discipline, que celle des chefs. Leintale enjoignit expressément à tous les capitaines, sous peine d'encourir l'indignation du roi, de veiller exactement sur leurs troupes, de faire arrêter les coupables, de les faire conduire dans le château d'Alençon, et de réparer tous les dommages; il fit même publier, dans tout le bailliage d'Alençon, que tous ceux qui avaient abandonné leurs maisons ou leurs biens, pouvaient rentrer chez eux et dans toutes leurs propriétés, en prêtant serment de fidélité.

Cependant le jeune duc était retiré auprès du dauphin, qui l'émancipa dès l'âge de dix-sept ans. Ce pauvre dauphin, qui prenait le titre de régent de France, était bien dans l'embarras; et il essaya de faire un arrangement avec les Anglais. On choisit la ville d'Alençon pour les conférences. Le régent de France et le roi d'Angleterre y envoyèrent des commissaires. La conférence dura quelque tems. Les commissaires du régent firent les propositions les plus avantageuses, qui furent toutes rejetées par les commissaires anglais.

Quelque tems après, le duc de Bourgogne ayant été assassiné à Montereau-Faut-Yonne par les gens du dauphin, les malheurs de la France furent à leur comble; et par le traité de Troye, le roi d'Agleterre fut reconnu pour héritier de la couronne de France.

C'était au duc d'Alençon à payer de sa personne pour conserver le royaume au dauphin et rentrer lui-même dans ses possessions. Le dauphin le fit chevalier, et lui donna à commander douze cents hommes d'armes et cinq cents hommes de trait; il fit ses premières campagnes dans le Perche, qui lui appartenait; il y accompagna le dauphin, et lui aida à reprendre plusieurs places.

En toutes circonstances le dauphin le comblait d'honneurs. Charles VI étant venu à mourir, le dauphin se fit couronner roi, et le duc d'Alençon assista à la cérémonie en qualité de pair. La reine étant accouchée d'un fils, ce fut le duc d'Alençon qui le nomma.

Ces honneurs furent suivis de grandes peines. Les deux armées française et anglaise, s'étant rencontrées auprès de Verneuil, en vinrent aux mains; se battirent avec le plus grand acharnement; et les Français furent mis en déroute. Le duc d'Alençon y montra bien de la valeur; renversé de son cheval, il aurait péri, sans le secours de plusieurs chevaliers qui le couvrirent de leurs corps; il fut fait prisonnier, et envoyé au Crotoy.

Le duc de Betford, qui s'était fait nommer duc d'Alençon, et qui jouissait des revenus du duché, alla visiter Jean dans sa prison; il le consola, et offrit de lui rendre toutes ses terres, s'il voulait reconnaître le roi d'Angleterre et prêter serment de fidélité. Jean répondit que jamais il ne reconnaîtrait d'autre souverain que Charles.

En conséquence on parla de la rançon; et il fut convenu qu'il paierait trois cents mille écus d'or. Le roi de France fournit vingt-six mille écus. On vendit toutes les terres que Jean possédait dans la Bretagne, tous les meubles, tous les diamans, tous les bijoux appartenant à la maison d'Alençon; ce qui ne suffit point encore. Les vassaux du duché ne pouvant contribuer, parce qu'ils dépendaient alors du duc de Betford, il fallut emprunter le reste de la somme, et le duc fut rendu à la liberté le 21 mai 1429.

CHAPITRE IX.

Le duc Jean présente à Charles VII une fille extraordinaire, connue sous le nom de Pucelle d'Orléans.

Le duc d'Alençon se rendit aussitôt auprès du roi Charles, pour lequel il avait sacrifié toute sa fortune, bien décidé à lui sacrifier aussi sa vie. *Alors*, dit une vieille chronique, *le roi jura par son diadème royal, que de ses peines, pertes et travaux il le récompenserait ; laquelle promesse ledit duc prit pour paiement ; car aucune autre récompense en a-t-il eue, fors en lui rendant mal pour bien.*

Les troupes françaises étaient très-ennuyées de la guerre, et singulièrement découragées. La politique mit à leur tête une fille extraordinaire, qui leur rendit le courage, et la valeur, qui leur est si naturelle. C'était une paysanne, âgée de dix-sept ans, que des Français enthousiastes ont regardée comme inspirée ; que les Anglais, qui n'étaient pas encore philosophes, ont brûlée comme sorcière, et qui n'était certainement que l'ouvrage de la plus adroite politique.

Le duc d'Alençon fut un des seigneurs qui la présentèrent au roi ; il assista à la première conférence qu'elle eut avec le prince, et jura de ne jamais révéler ce qu'il avait entendu. Cette fille eut presque toujours à ses côtés le duc d'Alençon, qu'elle appelait son *gentil duc*, et le brave Loré, capitaine de ce pays, né au Grand-Oisseau.

L'armée française ayant fait lever le siége d'Orléans, le duc d'Alençon marche sur Gergeau. L'assaut de la place est résolu : *Avant, gentil duc,* dit la Pucelle, *à l'assaut ; ne craignez rien, j'ai promis à la duchesse de vous ramener sain et sauf.* La place fut emportée.

Quelques jours après, les armées française et anglaise se trouvent en présence. Loré commandait l'avant-garde, et le duc d'Alençon le corps de bataille. *Combattrons-nous,* dit le duc à la Pucelle? *Oui certainement,* répondit-elle ; *mais il nous faudra de bons éperons. Fuirons-nous,* dit le duc? *Non pas,* dit la Pucelle, *ce seront les ennemis ;* et il ne sera pas facile de les atteindre. Le combat ayant été livré, la victoire fut complète, et le général Talbot fut fait prisonnier.

Après cette victoire, la Pucelle, qu'on consultait comme un oracle, conseille de marcher sur Reims, pour y faire sacrer le roi. L'armée marche sous les ordres du duc d'Alençon ; tout le pays se soumet, et on arrive à Reims. Le duc d'Alençon arme Charles VII chevalier, représente à la cérémonie le duc de Bourgogne, premier pair, et après le couronnement sert le roi à table.

Au retour de Reims, le duc d'Alençon engage le roi à marcher sur Paris ; il répand des écrits en grand nombre, pour exhorter les Parisiens à reconnaître Charles VII. On tente même un assaut ; mais on ne réussit pas.

La guerre se faisait pendant ce tems-là aux portes

d'Alençon. Jean d'Armanges, lieutenant de Loré, s'empare de Saint-Cénery. La garnison du château d'Alençon entreprend de chasser d'Armanges : elle se présente devant Saint-Cénery, bat la place, fait une brèche considérable et tente l'assaut ; mais les assiégés se défendent si bien que les Anglais sont forcés de se retirer et de rentrer dans le château d'Alençon. Le duc, ayant appris cette nouvelle, nomme aussitôt le brave Loré capitaine de Saint-Cénery, et l'envoie pour défendre cette place importante.

A peine Loré est-il entré dans la place, que les Anglais se présentent pour en faire le siége, avec cinq mille hommes d'infanterie, quatre cents chevaux, et toute l'artillerie nécessaire. Loré sort de la place, traverse le camp des assiégeans, se rend à Chinon pour amener des forces, et revient promtement ; mais les Anglais, apprenant son arrivée, se retirent et abandonnent une partie de leur bagage.

Les Anglais n'abandonnèrent pas pour cela leurs desseins sur Saint-Cénery. Ayant appris que Loré était absent, Wilbhy, qui commandait à Alençon, s'avance sur Saint-Cénery avec sept mille hommes et douze pièces de gros canon, et forme un camp devant la place, qu'il commence à battre.

Loré, ayant appris cette nouvelle, marche sur Saint-Cénery pour défendre la place. Wilbhy envoie contre Loré Jean *Artus*, avec trois mille hommes. Il se livre un grand combat, qui dura pendant tout le jour. La victoire resta long-tems indécise ; mais enfin les Anglais furent forcés de prendre la fuite, après avoir perdu six cents hommes de leurs meilleures troupes, et Jean *Artus*, leur commandant. Le brave Loré y fut dangereusement blessé.

Wilbhy, apprenant cette nouvelle, lève promtement le siège, et laisse son artillerie et tout le bagage. D'Armanges sort de la place, poursuit Wilbhy jusqu'aux portes d'Alençon, après avoir fait un grand carnage des Anglais au passage de la rivière.

Le brave Loré, le plus célèbre capitaine de Saint-Cénery, et qui fut fait grand prévôt de Paris, mérite bien qu'on parle encore une fois de lui. Le 29 septembre, il se tient dans un des faubourgs de Caen une forte foire, qu'on appelle la foire de Saint-Michel. En 1432, Ambroise Loré part de Saint-Cénery avec sept cents hommes, passe l'Orne trois lieues au-dessus de Caen, et non pas *au-dessous*, comme le dit M. Desnos; pénètre dans le faubourg; contient la nombreuse garnison du château, avec cent cinquante hommes; pille la foire, repasse la rivière d'Orne; renvoie les ecclésiastiques, les femmes, les enfans, les vieillards, les laboureurs, et rentre dans Saint-Cénery, sans aucun échec, avec trois mille prisonniers et un butin immense. Dans cette expédition, Ferbourg, un de ses capitaines, présente à son chef une demoiselle d'une rare beauté. Comme Scipion l'Africain, Loré détourne ses regards, et renvoie la fille à Falaise, chez son père, qui l'avait amenée à la foire. Une semblable expédition paraît un peu romanesque. Le fait n'a pourtant point été exagéré ni embelli par les flatteurs de Loré. *Debras*, dans ses antiquités de Caen, le rapporte exactement de la même manière.

CHAPITRE X.

Le duc d'Alençon rentre dans ses possessions.

Il y avait plus de trente ans que le duc d'Alençon était parti d'Argentan pour joindre l'armée du dauphin, et qu'il n'avait touché aucun revenu de ses terres d'Alençon.

Les affaires des Anglais commençaient à ne pas prendre une bonne tournure. Les places étaient dégarnies ; les meilleurs généraux étaient rentrés en Angleterre, où la paix ne régnait pas. Charles résolut de profiter des troubles qui agitaient ce royaume pour les chasser tout-à-fait de la France, comme eux-mêmes avaient profité des nôtres pour l'envahir.

D'ailleurs les Normands étaient très-mécontens des Anglais, et n'attendaient que le moment favorable pour aider à les chasser. Le roi et le duc d'Alençon commencèrent par attaquer la ville de Verneuil. Un meunier, nommé Bertin, qui avait un moulin proche les murs, fit entrer les Français dans le moulin, qui par-là pénétrèrent dans la ville, dont ils se rendirent maîtres, et ensuite de la tour grise, que les Anglais abandonnèrent pendant la nuit. Le roi nomma le meunier vicomte de Verneuil, et le duc lui donna la propriété du moulin, dont il n'était que fermier.

Un gentilhomme, nommé Mallard, ayant averti le duc d'Alençon que les capitaines des châteaux d'Essay et de Boitron devaient aller; le mercredi des cendres, avec une partie des garnisons, pêcher l'étang d'Ave. Le duc tomba avec impétuosité sur les pêcheurs, qui furent tous tués ou faits prisonniers; et sur-le-champ il somma les garnisons d'Essay et de Boitron de se rendre à l'heure même, sous peine d'être passées au fil de l'épée. Les garnisons, intimidées et faibles, se rendirent; et Mallard fut établi capitaine des deux châteaux.

Cependant les quatre échevins d'Alençon formèrent un parti en faveur du duc; ils envoyèrent *Moinet*, le plus jeune d'entre eux, l'avertir et lui indiquer le jour et le moment qu'ils lui livreraient la ville. A l'heure convenue, les quatre échevins, accompagnés de plusieurs habitans bien armés, tombent sur les Anglais qui étaient de garde à la porte de Lancrel, et qui jouaient aux cartes, et ils les font tous prisonniers. Le commandant du poste, en voulant se sauver, se jète dans le fossé et se casse les jambes. Alors le duc entre dans la ville avec cent soixante gendarmes et sept cent cinquante archers, forme le siège du château, et, au bout de quelques jours, force le capitaine Morin de capituler.

Le duc d'Alençon avait toujours mené une vie trop active pour se reposer un instant lorsqu'il lui restait quelque chose à faire; il se porta donc dans le Perche, avec une armée de trois mille hommes, assiégea Bellême, qui résista quelque tems, parce que le château était très-fort et qu'il y avait une nombreuse garnison. Got, qui y commandait, capitula, et sortit du château avec armes et bagage. La capitulation fut la même pour la garnison de Mortagne.

Après avoir reconquis toutes ses places, le duc d'Alençon se réunit à Argentan à Charles VII; et ils s'avancèrent tous deux sur la ville de Caen. Le duc de Sommerset, régent en France pour le roi d'Angleterre, et gouverneur de la Normandie, fut obligé de capituler.

Après avoir pris Caen, le roi et le duc marchèrent sur Falaise, place très-forte, où les Anglais avaient quinze cents hommes de leurs meilleures troupes. Le duc, pendant le siége, qui dura dix jours, logea dans l'abbaye de Vignas, fondée par les seigneurs d'Alençon, de la maison de Montgommery. Quelques jours après la prise de Falaise, le château de Domfront se rendit à Charles Deculant, grand maître d'hôtel du roi.

Comme les Anglais ne possédaient plus que Cherbourg, le duc, n'ayant plus rien à faire, se retira dans son château d'Alençon, pour y jouir de quelque repos.

CHAPITRE XI.

Le duc d'Alençon accusé de conspiration.

Dès que le duc fut rentré dans ses possessions, il rappela tous les seigneurs qui s'étaient expatriés pour sa cause; il les fit rentrer dans les biens dont ils avaient été dépouillés, et qui avaient été donnés à des seigneurs anglais. Après une vie aussi active, il paraissait avoir besoin de quelque repos; mais ce ne sont pas les ames qui ont été les plus agitées qui sont le plus capables de le goûter. Il avait rassemblé, autant qu'il l'avait pu, tous les plaisirs d'un grand seigneur. *Il avait*, dit une vieille chronique, *vingt-quatre chantres repus en sa maison.... Item la plus belle écurie, garnie de vingt-quatre chevaux, et autres plusieurs roussins....* Item, *pour sa femme, vingt-quatre haquenées toutes blanches...* Item *la meilleure vénerie qu'on sut trouver.* En outre il cultivait la poésie et faisait des vers; mais au milieu de tout cela il n'était pas content. Il se croyait oublié de la cour, qui n'avait plus besoin de ses services; il se rappelait tout ce qu'il avait fait pour le roi, les sommes qu'il avait dépensées, la rançon qu'il avait été obligé de payer, la lieutenance générale dont on l'avait destitué, et la pension qu'on lui avait ôtée.

Le duc avait à sa cour de perfides conseillers, qui ne manquaient pas de l'entretenir dans toutes ces idées, et de l'aigrir encore. Entre ces conseillers étaient un jacobin d'Argentan, son confesseur, et Thomas Gillet de Domfront, son aumônier, qui lui représentaient à chaque instant que la Normandie appartenait au roi d'Angleterre, et que les rois de France n'étaient que de violens usurpateurs.

On a dit que le duc tenta de rappeler les Anglais; qu'il eut des correspondances avec le roi; qu'il eut une conférence à la Flèche avec un envoyé d'Angleterre; qu'il avait envoyé lui-même en Angleterre un religieux, sous le costume d'un mendiant; qu'il avait engagé les Anglais à faire une descente en Normandie; qu'il avait promis de leur livrer ses places; que le perfide Gillet, son aumônier, lui avait présenté à Domfront, où il était alors, un pauvre homme tout contrefait, nommé Pierre Fortin, surnommé *Tort-Filleux*, parce qu'il gagnait sa vie à filer; qu'il devait porter au roi d'Angleterre les dépêches du duc, enfermées dans un bâton; mais que *Tort-Filleux*, instruit par le perfide Gillet, au lieu de porter les dépêches en Angleterre, les avait remises au roi Charles.

Les meilleurs écrivains ont prétendu qu'il n'y avait point eu de conspiration; qu'on ne trouvait aucune trace de la prétendue correspondance dans la collection de *Rymer*; que M. de Bréquigny, qui avait fait de grandes recherches, n'avait trouvé aucunes pièces; qu'il était absurde que le duc d'Alençon, qui avait tant contribué à chasser les Anglais, eût voulu les rappeler; qu'étant un des princes les plus proches du sang, il eût voulu livrer à l'étranger un trône auquel il avait des droits; que la procédure des commissaires n'était point inattaquable; et que le parlement s'était souvent rendu aux vœux de la cour, pour perdre de grands seigneurs.

Comme les choses les plus incroyables souvent ne sont pas moins vraies, je m'en rapporte à l'instruction du procès, et à l'arrêt qui fut prononcé.

CHAPITRE XII.

Le duc d'Alençon, Jean III, condamné à mort.

Le roi chargea le fameux comte de Dunois d'arrêter le duc d'Alençon, qui était alors à Paris, dans son hôtel, nommé depuis Hôtel-de-la-Force. Dunois, après s'être concerté avec le prévôt de Paris, qui fit cerner l'hôtel, entre chez le duc, comme pour lui faire une visite, et lui dit, en lui mettant la main sur l'épaule : *Monseigneur, je vous fais prisonnier du roi.* Le duc, comme s'il eût été frappé d'un coup de foudre, n'eut pas la force de parler.

Il fut conduit le même jour à Melun, d'où il fut transféré à Chantel en Bourbonnois, ensuite à Castellar en Auvergne ; puis à Naves, où des commissaires nommés par le roi lui firent subir plusieurs interrogatoires ; il ne voulut jamais répondre, et soutint qu'étant prince du sang, pair de France, il ne pouvait être jugé que par le roi, séant en son lit de justice, accompagné du parlement et des pairs.

En conséquence le roi ordonna que la cour de parlement, garnie de pairs, serait tenue à Vendôme, pour y juger le procès de son neveu, le duc d'Alençon ; et il fit ajourner tous les pairs et princes du sang, suivant l'ancien usage.

Aucun des pairs laïques ne voulut se rendre à Vendôme. Le duc de Bretagne déclara qu'il n'y était point tenu. Celui de Bourgogne consentit à y venir avec des troupes ; on l'en dispensa. Il ne s'y trouva que des pairs ecclésiastiques, qui ne pouvaient opiner.

On tint plusieurs séances auxquelles le roi présidait. On produisit les interrogatoires du duc et les dépositions des témoins. Le duc avait commencé par soutenir que l'accusation était absurde; que Charles, son bisaïeul, avait été tué à Crécy; Jean, son père, à Azincourt; lui-même trouvé entre les morts à Verneuil; qu'il savait bien verser son sang pour la patrie, et non pas la trahir ; que les témoins qu'on employait contre lui étaient des personnes viles, et qui ne méritaient nulle confiance ; mais il avait fini par avouer son crime.

Dans une des séances, Jean l'Orfèvre, un des procureurs du duc de Bourgogne, fit un très-beau discours; il rappelait au roi la naissance du coupable, les services de ses ancêtres, ceux que lui-même avait rendus ; les bontés dont le roi l'avait honoré, en voulant qu'il nommât le dauphin; il rejeta les fautes du duc sur ses conseillers, qui avaient profité de quelques momens d'humeur qu'eux-mêmes avaient fait naître ; il finit par implorer la clémence du roi.

Dans une autre séance, Juvenal-des-Ursins, archevêque de Reims, parla tant en son nom qu'au nom des pairs ecclésiastiques. Il déclara d'abord que, vu la nature des crimes imputés au duc d'Alençon, les pairs ecclésiastiques n'étaient point tenus de donner leur avis (*). Il exposa

---

(*) Les pairs ecclésiastiques donnèrent leurs voix, mais aucun n'opina pour la mort.

que le duc d'Alençon n'avait jamais été regardé comme extrêmement prudent; que tout son crime n'était qu'une *fantaisie* qui lui avait passé par la tête; et qu'il était plus glorieux pour le roi d'user de miséricorde, avant de porter un arrêt rigoureux, que d'accorder grace après la condamnation.

Le duc de Bretagne, connétable de France, oncle du duc d'Alençon, qui n'avait pas voulu se rendre à Vendôme pour juger son neveu, y vint, accompagné des principaux barons de la province, pour solliciter sa grace.

La duchesse d'Alençon se jeta aux pieds du roi avec ses enfans pour l'attendrir. Le roi fut inflexible, et l'arrêt fut prononcé.

Charles..... dûment informés que Jean, duc d'Alençon, avait demené plusieurs traités avec nos ennemis les Anglais..... ce que ledit duc a confessé..... déclarons ledit duc d'Alençon criminel de lèse-majesté..... et le condamnons à recevoir mort..... tous ses biens confisqués.... l'exécution d'icelle mort différée jusqu'à notre bon plaisir..... Prononcé à Vendôme, le 10 *octobre* 1458.

O vrai Dieu, dit un vieux chroniqueur, *quelle sentence! Si à droit a été prononcée, je le remets au jugement de Dieu. Quelques notables disent les ennemis capitaux du duc avoir été ses juges. Hélas! hélas! quelle sentence! quelle rémunération!*

CHAPITRE XIII.

Le duc Jean recouvre la liberté, conspire de nouveau, et de nouveau est condamné à mort.

Après sa condamnation, Jean fut transféré au château de Loches, et singulièrement recommandé au capitaine; il n'avait pour logement qu'une chambre et un cabinet. On lui donna deux valets grossiers pour le servir. On lui permit bien de jouer avec ses gardes; mais on ne lui permit pas d'avoir d'argent.

Le jugement rigoureux prononcé contre Jean fut généralement blâmé. Le duc de Bourgogne, premier pair de France, reconnut toujours Jean en qualité de duc d'Alençon; et depuis ce tems, Charles VII ne mena plus qu'une vie languissante, et mourut de chagrin.

En montant sur le trône, Louis XI, son fils, ne manqua pas de rendre sur-le-champ la liberté au duc d'Alençon, et de le rétablir dans tous ses biens, honneurs et dignités. *Le Tort-Filleux*, qui avait trahi le duc, réclama la protection du roi et se mit sous sa sauvegarde; mais il n'en fut pas moins assassiné quelque tems après.

Au sortir de sa prison, le duc, qui avait besoin d'argent, alla voir le duc de Bretagne, son parent, qui lui donna six cents écus. On dit même qu'il fit faire de la fausse monnaie dans son château
d'Argentan

d'Argentan par un nommé Emeri, et qu'ensuite il le noya; ce qui est bien extraordinaire pour un prince qui avait de l'honneur, de la probité et de la religion. Toutes les commotions qu'il avait reçues avaient ébranlé son âme extrêmement sensible, et l'avaient rendu dévot. Il donna même dans de petites pratiques, et fit le voyage de Saint-Jacques en Galice.

Le bon duc n'en revint pas plus sage. Ayant appris que Guillaume de la Lande, jacobin d'Argentan, devait passer en Angleterre, il le fit venir, et le chargea de voir Edouard, qui régnait alors; et de lui dire que le duc d'Alençon avait essuyé bien des chagrins pour lui, bien des malheurs; qu'il était réduit à la mendicité, et qu'il le priait de lui faire passer quelque argent par la voie de Bruges.

Louis XI, informé des démarches du duc, fit arrêter le jacobin, et ajourner le duc, qui se donna bien de garde de comparaître; mais, peu de tems après, le roi, qui avait des ménagemens à garder, se désista des poursuites, et rendit même ses bonnes graces au duc.

Dans une guerre qui s'éleva entre Louis XI et le duc de Bretagne, le duc d'Alençon, toujours brouillon, et qui ne cessait d'intriguer, reçut dans ses châteaux des troupes bretonnes, qui firent beaucoup de ravages dans le pays. Il continuait aussi d'entretenir des correspondances avec l'Angleterre, et se servait toujours pour cela du ministère des prêtres, qu'il trouvait apparemment plus adroits ou plus complaisans.

Ce seigneur, après avoir correspondu quelque tems avec le duc de Bretagne par le moyen d'un carme, députa un prêtre, nommé Bournault, vers le seigneur de Scales, qui devait commander un corps d'Anglais, pour savoir si, dans le cas où il se retirerait en Angleterre, le roi lui accorderait une pension, et quel en serait le montant.

Louis XI, prince très-soupçonneux, entretenait des espions à la cour du duc, qui lui faisaient un rapport fidèle de toutes ses démarches. En conséquence, lorsque le duc, qui ne se méfiait de rien, se rendait à Châteauneuf en Thimerais pour le plaisir de la chasse, le roi le fit arrêter par Tristan l'Hermite, prévôt de l'hôtel, et l'envoya prisonnier au château de Loches, d'où il fut transféré à la Roche-Corbon, près de Tours.

Le roi envoya aussitôt des commissaires pour saisir le duché, et vint lui-même à Alençon pour en prendre possession. Il y arriva le 7 août 1472. Le lendemain, ce prince, qui était très-dévot, assista à la messe dans l'église Notre-Dame, et faillit trouver la mort en entrant dans le parc du château. Un page et une femme du monde, qui étaient sur la porte, détachèrent par mégarde, en folâtrant, une pierre qui tomba si près du roi qu'elle emporta une partie de son habit de camelot. Le roi fait un grand signe de croix, se jète à genoux, baise la terre, ramasse la pierre et le morceau d'étoffe, fait vœu de les porter en offrande au mont Saint-Michel, où il les porta en effet, et les suspendit à une chaîne de fer auprès du crucifix.

On craignait que ce prince, quelquefois si terrible, ne fît peser sa vengeance sur les habitans d'Alençon, qui étaient fort innocens du fait ; mais il fut plus modéré qu'on ne le croyait. Les coupables vinrent se jeter à ses pieds, racontèrent ingénuement comment tout s'était passé, et en furent quittes pour quelques mois de prison.

Cependant le pauvre duc d'Alençon gémissait dans les cachots. Le roi, son bon filleul, le fit transférer au Louvre pour lui faire son procès. Ce prince, un peu plus expéditif que son père, n'observa pas tant de formalités ; il nomma tout simplement une commission, qui se réunit au parlement, et qui le condamna *à recevoir mort, et être exécuté par justice..... tous ses biens confisqués. L'exécution toutefois réservée au bon plaisir du roi.*

Ainsi deux fois le malheureux Jean entendit son arrêt de mort, et dut en ressentir les angoisses. Le roi, ayant égard à *sa vieillesse et maladie,* le transféra, en 1475, de la grosse tour du Louvre dans une maison particulière, où il mourut en 1476.

Il laissa deux enfans d'un second mariage avec Marie d'Armagnac ; mais ce prince, qui ne manquait pas de maîtresses, parce qu'il était le plus bel homme de son tems et fort généreux, laissa cinq bâtards, dont l'un, nommé Robert d'Alençon, fut abbé de Saint-Martin de Sées, et l'autre, nommée Marie d'Alençon, fut abbesse d'Almenêches.

CHAPITRE XIV.

René, duc d'Alençon.

Durant la vie du duc Jean, René était toujours resté auprès de Louis XI, qui l'appelait son *mignon*; il lui avait rendu de grands services; il n'avait eu part à aucune des démarches criminelles de son père. En conséquence le roi lui avait promis maintes fois, et de la manière la plus solennelle, que jamais les crimes du père ne retomberaient sur le fils.

Cependant, lorsque le duc d'Alençon fut arrêté par Tristan l'Hermite, René ayant réclamé les biens de son père, le roi les fit saisir et les garda. Lorsque le duc fut condamné à mort pour la seconde fois, René réclama encore les biens de son père; le roi lui accorda seulement par provision le comté du Perche, et quelques terres du duché.

A la mort du duc d'Alençon, le roi n'avait plus aucun prétexte pour garder une partie des biens qui devaient appartenir à René; il nomma des commissaires pour lui remettre les biens de la maison d'Alençon. Les commissaires commencèrent par le faire jurer qu'il ne se marierait jamais sans le consentement du roi. Après quoi ils lui remirent, outre ce qu'il possédait antérieurement, la ville et le château d'Alençon, dont on devait démolir la *culasse*, et le roi garda encore pour lui Domfront, Pouancé et Sainte-Suzanne.

René, qui craignait d'encourir la disgrace du roi, n'osa se plaindre tout haut; il avait vu tant de victimes! le comte d'Armagnac, son oncle, égorgé; sa veuve enceinte, forcée d'avaler un fatal breuvage: le connétable de Saint-Paul mourir de la main du bourreau; Jacques d'Armagnac, descendant de Clovis, renfermé dans une cage de fer, condamné sans preuve par une commission, livré au supplice; et ses enfans, vêtus de blanc, placés sous l'échafaud, inondés du sang de leur père.

Le duc quitta la cour, qui était si dangereuse, et se retira dans ses terres pour y vivre tranquille; il voulut faire plusieurs mariages, auxquels le roi ne voulut jamais consentir. Alors il donna dans quelques excès, qui sont les suites naturelles d'un célibat forcé. Ses gens furent encore plus loin; ils furent accusés de rapt et de viol. Sans égard pour le duc, le roi les fit arrêter dans sa propre maison.

On arrêta aussi le paiement des pensions qui étaient faites au duc; on les supprima. Le duc, quoique très-porté à la patience, exhalait dans le sein de sa famille quelque petits propos indiscrets. Le roi ayant été frappé d'une attaque d'apoplexie, le duc avait dit *que, si le roi mourait, il y en aurait qui en peleraient l'oignon.* Madame de Saint-Quentin, sa propre sœur (*), fit passer

---

(*) *O traîtres parens! et maudits serviteurs!* dit un vieux chroniqueur, *du roi prenez pension pour trahir votre bon seigneur.*

ce propos au roi, et on rapporta au duc que le roi était très-irrité contre lui, et qu'il avait même donné l'ordre de l'arrêter.

Le pauvre René fut pris de peur, il écrivit au duc de Bretagne pour le prier de vouloir bien le recevoir chez lui, puis il feignit une partie de chasse pour tâcher d'échapper et de se sauver en Bretagne ; mais du Lude l'arrêta de la part du roi, et le conduisit au château de Chinon.

On mit auprès du duc, pour le garder, un gentilhomme, nommé Saint-Sulpice, qui ne le perdait jamais de vue, qui couchait même avec lui. Ce gentilhomme fit accroire au pauvre René, toujours tremblant, qu'on devait venir le chercher au premier moment pour lui couper la tête. *Par la mort-dieu*, dit Saint-Sulpice énergiquement, *si vous ne pensez en vos besognes, vous êtes mort*. Le duc engagea quelques-uns de ses gardes à le laisser échapper. On lui en fit un nouveau crime, et le *mignon* du roi fut renfermé dans une cage de fer, de la longueur de 1 mètre 2 décimètres (3 pieds 8 pouces), de l'invention du cardinal Balue. On lit, dans l'histoire de Louis XI, par Marguerite de Lussan, que cette cage avait de longueur 2 mètres 5 décimètres (7 pieds 8 pouces); ce qui est plus croyable. Pendant six jours on lui donna à manger au bout d'une fourche ; après quoi on se relâcha un peu ; et pendant trois mois qu'il resta encore dans sa cage, on lui procura la petite douceur de l'en tirer pour l'heure des repas.

CHAPITRE XV.

Le duc René condamné à une prison perpétuelle.

Le roi fit transférer le duc au château de Vincennes, *pour son procès lui être fait et parfait.* Il nomma pour cela des commissaires, qui se réunirent au parlement de Paris. La cour de parlement se rendit dans un appartement, au haut du donjon de Vincennes, où le duc fut amené, et où elle lui notifia qu'elle était chargée de lui faire son procès. Le duc répondit *qu'ils fussent les très-bien venus;* et les récusa fort poliment, soutenant qu'en qualité de pair, il ne pouvait être jugé que par les pairs.

La cour en ayant *référé* au roi, le roi ordonna par des lettres patentes qu'il adressa au parlement, que le procès du duc *fût fait et parfait, comme à un simple gentilhomme, nonobstant la pairie, le déclinatoire, et les appellations dont il le forclôt et déboute.*

Lorsque la cour notifia au duc les nouveaux ordres du roi, il déclara encore une fois *qu'il n'était nullement justiciable du parlement ; qu'au reste, si sa mort était arrêtée, il était prêt d'endurer le coup et n'en clorrait point l'œil.* Le président voulait le rassurer, en lui disant *que la cour lui rendrait justice.* A quoi il répondit : *Véci mauvais commencement de l'affaire.*

Les commissaires, quelques dévoués qu'ils fussent au roi, quelque envie qu'ils eussent de trouver le duc coupable, ne purent jamais lui reprocher que quelque légers propos échappés dans le dépit, et le dessein de se retirer en Bretagne pour ne pas être arrêté.

Il n'en fut pas moins condamné le 22 mars 1482. Les motifs de l'arrêt, ainsi que la condamnation, pourront paraître extraordinaires. Il est dit que le comte, car on ne le qualifiait pas de duc, *a été constitué prisonnier à juste cause; qu'il demandera pardon au roi; qu'il jurera de bien et loyaument le servir, jusqu'à la mort inclusivement...; et de tout ceci tenir donnera bonne caution, et tiendra prison jusqu'à plein accomplissement de ces choses....; et pour plus grande sureté, le roi mettra capitaine aux places fortes et châteaux de René, pour les tenir en son nom, aux droits et profits accoutumés.*

CHAPITRE XVI.

René recouvre la liberté.

Ce ne fut qu'à la mort de Louis XI que le duc d'Alençon recouvra la liberté. Charles VIII s'empressa de la lui rendre, et de le rétablir dans tous ses *biens, honneurs, dignités, droits d'apanage et de pairie.*

Louis XI avait fait un testament par lequel il confiait l'administration du royaume à Anne de

France; sa fille aînée, femme de Sire de Beaujeu. Le duc d'Orléans, premier prince du sang, résolut de faire casser ces dispositions. Les états furent assemblés à Tours, et il fut arrêté que M. et Mme de Beaujeu demeureraient auprès de la personne du roi, comme ils y étaient auparavant, et comme il avait été réglé par le testament de Louis XI. Peu de tems après, le roi fut sacré à Reims. Le duc d'Alençon y représenta le duc de Normandie; après quoi il se retira dans ses terres, parce qu'il n'aimait ni le Sire de Beaujeu ni sa femme.

Il était tems de penser à un établissement. René jeta les yeux sur Marguerite de Lorraine, princesse très-religieuse, qu'il épousa. Le duc de Lorraine donna cinquante mille francs à sa sœur, moyennant qu'elle renoncerait à toute succession de père et de mère échue et à échoir. La duchesse protesta contre cette renonciation.

Depuis son mariage avec une femme très-pieuse, le duc René ne s'occupa plus qu'à réparer les fautes de sa jeunesse, à faire le bien de ses vassaux, à payer les dettes de son père et les siennes, et à augmenter ses revenus par une sage administration.

Les seigneurs, ne pouvant plus fonder de riches maisons de bénédictins et de bernardins, se contentaient de fonder des maisons de religieux mendians, auxquels il ne fallait que le logement et un bissac. Le prince fonda à la Flèche une maison de cordeliers, qui bientôt en furent chassés pour leur inconduite, et remplacés par des récollets. Il fonda aussi, dans l'église Notre-Dame d'Alençon, une messe de la Conception, qui devait être chantée tous les jours de l'année.

Le duc René mourut en 1492, à l'âge de cinquante-deux ans, à Alençon, dans sa maison de plaisance du Parc. Son corps fut inhumé dans le caveau de l'église Notre-Dame. Sa femme lui fit élever un mausolée magnifique, en albâtre, entouré de niches garnies de figures très-délicatement travaillées. C'était le plus beau monument, ou plutôt le seul monument de la ville d'Alençon, que la révolution a fait disparaître. Le 8 septembre 1792, quelques Bretons, joints à quelques habitans d'Alençon, abattirent le haut de la pyramide, traînèrent la fleur de lis par les rues, et ensuite brisèrent le mausolée du duc René; et ce beau monument n'existe plus que dans les mémoires historiques de M. Desnos, qui l'a fait graver.

Ce prince avait eu dans sa jeunesse plusieurs enfans naturels; et il laissa trois enfans légitimes, un garçon et deux filles, qui furent élevés sous d'habiles maîtres, au château de Mauves, situé dans un lieu fort agréable et dans un bon air.

CHAPITRE XVII.

Marguerite de Lorraine épouse de René.

Nous avons peu de choses à dire des femmes des seigneurs d'Alençon ; mais il en est quatre qui méritent une mention particulière ; Mabille, célèbre par ses intrigues ; Marguerite de Lorraine, célèbre par sa piété ; Marguerite de Valois, célèbre par ses connaissances ; et Elisabeth d'Orléans, duchesse de Guise, célèbre par ses bienfaits.

Marguerite de Lorraine est singulièrement distinguée par sa prudence et par sa piété. Elle obtint du roi le gouvernement de ses enfans et l'administration de leurs biens ; et elle confia l'éducation de son fils à Jean de Gislain, seigneur de Bois-Guillaume. Elle administra les biens avec la plus grande économie, et acheva de payer les dettes de son mari, auxquelles les habitans d'Alençon contribuèrent. La table de la princesse était très-modestement servie. Au dîner, on servait pour le bouilli, du bœuf, du mouton, deux chapons ; pour le rôti, une pièce de mouton, une de chevreau et quatre pigeons. Au souper, on servait du veau, du mouton, et encore du chevreau, qui était très-commun dans ces tems-là.

Marguerite fit plusieurs fondations religieuses de l'ordre de Saint François ; elle fonda trois maisons de Clairettes ; une à Alençon, dans l'île de Jaglolay, formée par la Briante, dont plusieurs religieuses de l'*Ave Maria* de Paris prirent possession en 1501; une seconde à Mortagne, et une troisième à Argentan, dont la règle était un peu plus mitigée.

Cette princesse donna aux cordeliers de Seès une portion de la vraie croix, comme il paraît par ce certificat. *Marguerite... certifions, en parole de princesse, que nous, mue de dévotion, avons donné au couvent de monsieur Saint François, à Seès, une portion de la vraie croix, partie de plus grande quantité étant au trésor de la maison d'Alençon. Premier septembre 1520.*

On lit dans l'*antiquaire de la ville d'Alençon*, par Orphelin-Chaufailli, que madame *Marguerite de Lorraine, mue de dévotion envers Saint Léonard, à raison des grands miracles que Dieu opérait par l'intercession de ce grand Saint, fit jeter les fondemens pour bâtir une église sous l'invocation dudit Saint Léonard....; qu'elle voulut que le château en fût une dépendance...; qu'elle fit bâtir une chapelle, sous le titre de Saint Louis, proche le cœur de ladite église de Saint Léonard, du côté de l'aquilon...; comme aussi une cheminée, à cause du froid; lorsque cette fervente princesse se rendait à l'église de Saint Léonard, sa paroisse, pendant toute l'année, de grand matin, les dimanches et les fêtes, pour assister aux matines, puis après à la grande messe paroissiale, comme aux vêpres...; qu'elle donna tous les ornemens marqués de cinq couleurs, comme chasubles, tuniques, dalmatiques, chappes, paremens d'autel, aubes, calices, livres, encensoirs, croix et bannière...; qu'elle* n'épargna pas son propre manteau ducal, quoique ce manteau fût son habit de noces ; qu'elle en fit présent pour faire une chappe où était attachée une agrafe d'un très-grand prix, pour la clorre sur le devant.

Ce fut dans la maison des Clairettes d'Argentan que se retira Marguerite de Lorraine, après avoir remis à son fils l'administration de ses biens (*). Elle y fit profession en 1520, et prononça ses vœux en ces termes : *Je, sœur Marguerite de Lorraine, promets à Dieu et à la benoîte vierge Marie.... garder la règle de Sainte Claire...et vivre en obédience, pauvreté, chasteté et perpétuelle clôture.*

Depuis l'émission de ses vœux, elle ne voulut plus être appelée que *Sœur Marguerite*, ni prendre d'autre emploi que celui de portière, ni remplir d'autres fonctions que celles de laver les écuelles et de servir à l'infirmerie. Elle mourut en 1521, d'une hydropisie de poitrine, et fut inhumée dans un caveau de l'église.

Plusieurs écrivains de l'ordre de Saint François ont écrit sa vie, qu'ils ont prodigieusement embellie. M. l'abbé Mallard, d'Alençon, a aussi publié la *vie de Marguerite de Lorraine*. Il s'est fait, dit-on, assez de miracles à son tombeau pour la faire canoniser, si les filles de Sainte Claire avaient été assez riches. L'empereur d'Autriche et d'Allemagne, son parent, s'il voulait s'en mêler, pourrait la faire mettre au catalogue des saints.

(*) *Regardez-moi désormais*, dit-elle à son fils, *comme morte au monde. Ne pensez plus à votre mère que pour prier le Seigneur qu'il lui fasse miséricorde.*

CHAPITRE XVIII.

Charles IV duc d'Alençon.

Marguerite de Lorraine, quoique très-occupée du ciel, s'occupait aussi un peu des affaires de la terre. En remplissant ses devoirs religieux, elle ne négligeait point les intérêts de son fils, et elle lui avait fait épouser la célèbre Marguerite de Valois, sœur du premier prince du sang.

Dès que le mariage de Charles fut arrêté, il fit hommage au roi du duché d'Alençon, du comté du Perche; des baronnies de Château-Neuf, Château-Gontier, Pouancé, la Flèche, Sonnois; des terres et seigneuries de Nogent-le-Rotrou, Cani-Caniel, Beaumont-le-Vicomte, Fresnay, Sainte-Suzanne, Gallardon et Merly.

Le duc d'Alençon fit ses premières armes en Italie, lorsque Louis XII y conduisit une armée pour soumettre la république de Gênes; il assista à toutes les fêtes qui furent données au roi à Milan. Trivulce, maréchal de France, donna un bal. Le roi, le duc d'Alençon, les cardinaux de Narbonne, de Saint-Séverin, et plusieurs autres prélats, dansèrent avec les dames les plus qualifiées. Le duc fit une seconde campagne en Italie, et se trouva à la célèbre bataille d'Aignadel, où les Vénitiens furent battus.

A la mort de Louis XII, François I monta sur le trône, et le duc d'Alençon se trouva le beau-frère du roi. Il assista à son couronnement, où il représenta le duc de Bourgogne, et fut nommé premier prince du sang. Il fut fait gouverneur de la Normandie, de la Bretagne et de la Champagne, et avait coutume de signer simplement *Charles*, comme les souverains, et d'intituler ses actes, *Par la grace de Dieu*.

Après avoir fait une troisième campagne en Italie, et s'être trouvé à la bataille de Marignan, à son retour, le duc prit possession de son gouvernement de la Normandie, et fit son entrée solennelle à Rouen et à Caen. Les rues furent tapissées; et il marchait sous un dais porté par les premiers magistrats. Le roi ayant fait un voyage en Normandie, le duc et la duchesse lui donnèrent à Argentan des fêtes magnifiques. En récompense, le roi, qui aimait beaucoup sa sœur, lui donna le duché de Berri.

Les beaux titres dont Charles était décoré, ses immenses richesses, son alliance avec la sœur du roi, pouvaient bien satisfaire son ambition; mais il paraît qu'il ne jouissait pas du bonheur domestique, et que sa femme ne l'aimait pas (*). Pour le dédommager et le consoler, la duchesse d'Angoulême, sa belle-mère, lui fit donner le commandement de l'avant-garde de l'armée qui marchait dans les Pays-Bas; commandement qui appartenait au connétable. Bourbon en fut indigné, et voilà le commencement des malheurs qui affligèrent la France.

―――――――――

(*) Il avait pris pour devise, *Nunc satior*, qui présente une équivoque bien formelle, sur-tout par rapport à lui.

Le connétable, aussi mal-adroitement outragé, se retira auprès de l'empereur Charles-Quint, qui ne manqua pas de le mettre à la tête de ses armées.

L'Italie fut le principal théâtre de la guerre. Le roi se mit à la tête de ses troupes, et s'avança en Italie, accompagné du duc d'Alençon.

François I avait résolu de faire le siége de Pavie. Le duc de Bourbon, qui commandait l'armée impériale, avait résolu de le faire lever. Les deux armées se trouvent en présence. De part et d'autre on se bat avec le plus grand acharnement. Le roi est blessé, tombe de cheval et est fait prisonnier. Le duc d'Alençon, qui commandait l'arrière-garde, ne fait aucun effort pour délivrer le roi, et se sauve par le Piémont.

On peut faire ici un rapprochement bien frappant, qui n'honore pas deux des plus grands seigneurs d'Alençon. Robert de Montgommery, seigneur d'Alençon, commande à la bataille de Tinchebray l'arrière-garde de l'armée du duc de Normandie. Le duc est fait prisonnier, et Robert se sauve vers Falaise. Charles, également seigneur d'Alençon, commande aussi l'arrière-garde de l'armée devant Pavie. Le roi est fait prisonnier, et Charles se sauve vers le Piémont.

Tout le poids de l'indignation de la cour, qui était à Lyon, tomba sur lui. La mère du roi l'accabla des plus sanglans reproches, et lui attribua tous les malheurs de la France. Lorsqu'il s'avança pour embrasser sa femme, elle le repoussa avec horreur... *Fuis, lâche*, lui dit-elle, *tu as craint*

la

la mort, tu pourrais la trouver dans mes bras; je ne réponds pas de moi.

Le duc d'Alençon, qui n'était peut-être pas très-brave, mais qui était très-sensible, succomba à la honte et à la douleur, et mourut à Lyon, peu de jours après, le 11 avril 1524. Son corps fut apporté à Alençon, et déposé dans le caveau des ducs (*). On lisait sur son tombeau, en style d'amplification, qu'il fut *inhumé à moult regrets, pleurs et clameurs de ses sujets, et de la grande assemblée des prélats et seigneurs.*

François I ayant été conduit à Madrid, la cour de France y envoya la duchesse d'Alençon, qui était remplie de tendresse pour son frère. On crut que ses charmes pourraient faire quelque impression sur le cœur de Charles V; mais les traits de l'amour sont impuissans sur les cœurs dévorés d'ambition. La duchesse échoua. Elle tenta de faire évader son frère, l'entreprise ne réussit pas davantage. Alors, comme le terme de son sauf-conduit approchait, elle quitta Madrid pour rentrer en France.

On a dit que Charles V avait envoyé à sa poursuite pour l'arrêter, ce qui n'est nullement croyable. S'il avait voulu l'arrêter, il n'aurait pas manqué de moyens; mais ce prince était trop adroit et trop politique pour faire arrêter une femme, contre le droit des gens, lorsque cette arrestation ne lui aurait produit aucun avantage.

(*) Gilles Bry dit qu'il fut inhumé dans l'église de Saint-Juste de Lyon. C'est une erreur.

CHAPITRE XIX.

Marguerite de Valois, reine de Navarre, duchesse d'Alençon.

A la mort de Charles, qui ne laissait point d'enfans, le duché d'Alençon devait être réuni à la couronne; mais François I aimait trop sa sœur pour ne pas lui en laisser la jouissance. En la mariant à Henri, roi de Navarre, il lui donna le duché de Berri et l'usufruit du duché d'Alençon. C'est cette reine qui s'est rendue si célèbre sous le nom de Reine de Navarre.

Pendant le séjour que le roi et la reine de Navarre firent à Alençon en 1530, ils y perdirent leur fils unique, Jean, prince de Viane, âgé de cinq mois et demi, qui fut inhumé dans le caveau des ducs d'Alençon.

La reine, qui joignait à tous les agrémens de son sexe la sagesse du philosophe et la résignation du chrétien, fit chanter le *Te Deum* aux funérailles de son fils, et placarder au coin des rues, *Dieu l'a donné, Dieu l'a ôté*. Ces bons princes, après avoir puni très-sévèrement les auteurs d'une conspiration dont on ne connaît pas les motifs (*), partirent pour le Béarn.

(*) Il paraît qu'il s'agissait d'un crime de lèze-majesté, puisque les coupables furent écartelés, et que leurs membres furent exposés sur les murailles de la ville.

Avant de partir, ils confièrent l'éducation de la fille unique qui leur restait, à Amée de la Fayette, dame de Lonray, près Alençon. Cette femme célèbre par son esprit et par ses graces, qui fut aimée de François 1, était veuve de François de Silly, un des braves de ce tems, mort au siége de Pavie, et auquel elle a fait élever un mausolée dans l'église de Lonray. On y voit encore l'inscription, dans laquelle cette femme, qui réunissait tout ce qui peut satisfaire l'ambition, dit *qu'elle a élevé ce tombeau à son mari, en attendant avec impatience l'issue de ce malheureux mondain torrent.* Quelle leçon! Les épitaphes sont, à mon gré, le meilleur de tous les livres de morale. C'est bien dommage que la révolution en ait tant effacé.

Dans ces tems-là les esprits étaient fort agités en France. Les hommes s'entr'égorgeaient pour des opinions. Les Protestans, lorsqu'ils étaient les maîtres, sévissaient cruellement contre les Catholiques. Les Catholiques à leur tour, commençant déjà sur la terre l'œuvre du démon, brûlaient les Protestans, qu'ils croyaient devoir être brûlés éternellement dans une autre vie.

La reine de Navarre, bonne, sensible, pleine de commisération, déroba au supplice autant de Protestans qu'il lui fut possible. Elle sauva Gerard Roussel, docteur, rigoureusement poursuivi par le parlement, et en fit son aumônier; Caroli, également poursuivi par le parlement, à qui elle donna la cure de Notre-Dame d'Alençon, qu'il quitta pour passer en Suisse, où il se maria.

Elle donna un asile au poëte Clément Marot. Elle reçut Charles de Sainte-Marthe, qui manqua d'être brûlé à Grenoble, et lui donna une charge de conseiller à Alençon. Elle avait obtenu la liberté d'Etienne Dolet, qui dans la suite fut brûlé sur la place Maubert.

Un Protestant d'Alençon s'étant avisé de briser, pendant la nuit, un crucifix qui était au portail de l'église de Saint-Louis, Marguerite appaisa l'affaire, en faisant mettre à la place un autre crucifix un peu mieux décoré que le premier; mais la bonne duchesse ne put jamais sauver des flammes Etienne le Court, curé de Condé près Alençon, attaché aux nouvelles opinions, qui fut brûlé le 21 décembre 1533. Il paraît que le curé de Condé avait été mis entre les mains des juges séculiers, par l'inquisiteur de la foi. On lit, dans une collection de jugemens, *De novis erroribus... Determinatio sacræ facultatis parisiensis facta ad petitionem inquisitoris fidei de multis erroribus impositis Stephano le Court... qui erroribus Lutheranorum favebat.*

On cria beaucoup contre la reine de Navarre, qui protégeait, non pas le novateur, mais le savant persécuté, pour le dérober aux bûchers. On voulut la noircir dans l'esprit de François I; on lui reprocha de lire des traductions de la Bible en français. Un moine dit, en pleine chaire, qu'il fallait l'envelopper dans un sac, et la jeter dans la rivière. On osa même la jouer sur le théâtre. On la représenta sous l'allégorie d'une femme qui quitte la quenouille et le fuseau, pour prendre un livre d'évangile des mains d'une furie. Ce fut au collége de Navarre, en 1533, que cette farce fut jouée. François I fit arrêter les acteurs ; mais sa sœur se jeta à ses genoux, et obtint leur grace et leur liberté.

Il est certain que cette princesse pratiqua toujours les cérémonies des Catholiques, et qu'elle fit beaucoup de bien aux églises. Elle fonda une communauté de religieuses à Essay ; elle fit bâtir la chambre de travail et le réfectoire des Clairettes d'Alençon ; elle leur faisait distribuer une partie des fruits qui croissaient dans le parc du château ; elle donna plusieurs ornemens à l'église Saint-Léonard d'Alençon ; elle obtint du pape Léon X deux bulles, une pour la réformation du chapitre de Seès, une autre pour la réformation de l'abbaye d'Almenêches, où le relâchement s'était introduit.

La duchesse d'Alençon protégeait les savans, et cultivait les lettres ; ce qui lui fit donner le nom de dixième muse. Elle écrivait facilement en vers et en prose ; elle a fait *Le Miroir de l'ame pécheresse*, censuré par la Sorbonne ; des *Nouvelles*, dans lesquelles elle a peint plusieurs événemens arrivés à Alençon de son tems ; quatre *pieuses comédies*, et deux farces, intitulées *Comédies des deux filles et des deux mariées*.

Les plaisirs que la duchesse d'Alençon trouvait à sauver les malheureux empoisonnés par les discours des malveillans, n'étaient pas très-purs ; ceux qu'elle goûtait au sein de sa famille ne l'étaient pas davantage. Elle fut très-sensible aux reproches que lui fit son mari de la protection qu'elle accordait aux Protestans persécutés; mais le mariage de sa fille lui donna bien d'autres peines.

L'héritière du royaume de Navarre, la nièce du roi de France, attira les regards de plusieurs souverains. Charles V la demanda pour son fils. Le mariage était avantageux à la princesse. François I ne voulut jamais y consentir; et il donna la plus riche héritière de l'Europe à un duc de Clèves, malgré les supplications d'une mère, qui croyait bien avoir quelques droits sur la main de sa fille.

La politique avait fait le mariage, la politique le rompit. La princesse étant devenue libre, Charles V essaya encore de la faire épouser à son fils; mais Henri II, suivant la politique de son père, refusa son consentement, et la maria au duc de Vendôme. La reine de Navarre signa le contrat de mariage en fondant en larmes, et mourut peu de tems après, pleurée par tous les gens de lettres (*). Les habitans d'Alençon sur-tout la pleurèrent amèrement. *Viri alenconienses,* dit Charles de Sainte-Marthe, *nunc incomparabilem illum thesaurum, morte vobis ademptum, doletis...... Mortuâ Margaritâ, omnes simul Alenconiorum spes atque opes conciderunt.*

(*) On a fait un gros recueil des épitaphes dont les savans honorèrent son tombeau.

CHAPITRE XX.

Catherine de Médicis, duchesse d'Alençon.

A la mort de la reine de Navarre, le duché d'Alençon fut réuni à la couronne ; mais Henri II étant venu à mourir des suites d'une blessure qu'il avait reçue à l'œil en joûtant contre Montgommery, François II, son fils, qui lui succéda, donna le duché d'Alençon à Catherine de Médicis, sa mère, qui le posséda depuis 1559 jusqu'en 1566.

Jusqu'à présent nous avons peut-être parlé trop au long des seigneurs d'Alençon, et point assez de la ville ; mais, dans ce chapitre, nous ne dirons rien de Catherine de Médicis, et nous ne parlerons que des événemens importans qui se sont passés à Alençon dans le peu de tems qu'elle a possédé le duché.

Les nouvelles opinions se propageaient avec une rapidité étonnante. Les habitans d'Alençon ne furent pas les derniers à les recevoir. Lucas Caiget, curé d'Alençon, Seurin, son vicaire, huit autres ecclésiastiques, frère André, cordelier, les premiers magistrats de la ville, et une bonne partie des bourgeois, les avaient adoptées. Louis de Rabodanges, bailli d'Alençon, favorisait secrètement le parti. Ces opinions se propagèrent aussi dans la campagne. Thomas Duperche, curé de Saint-Germain de Corbie, Jean le Sage, curé de Cuissay, les adoptèrent. Ce dernier se maria, et fut ministre à Alençon.

Vers la fin de juin 1562 (*), les Protestans se trouvant les plus forts, pillèrent les temples de Notre-Dame, de Saint-Léonard, de Saint-Pierre de Monsort; brisèrent les images, s'emparèrent des vases sacrés, des châsses, de tous les ornemens, et chassèrent les religieuses Clairettes de leur monastère.

Il faut lire le détail très-curieux du pillage des temples, dans l'extrait du chartrier du monastère de Sainte-Claire, inséré dans *l'antiquaire de la ville d'Alençon*. « En l'an.... les religieuses du
» monastère de Sainte-Claire, dit de l'*Ave Maria*,
» furent mises hors, par force et violence, par
» les Huguenots de la ville d'Alençon... Furent
» les portes enfoncées et rompues par Abraham
» Soret, Jean Soret, Bois-Girard... Avaient lesdits
» Huguenots pour ministres Bidard et Poinçon.
» Ledit Poinçon, homme hideux et épouvantable
» à voir, était tout velu; lequel Poinçon épousa
» dans le couvent la veuve du sieur la Girour-
» dière.... Fut la cloche cassée par Pâquier,
» Soulas, Berulière et le valet de Goucy. Furent
» lesdites religieuses mises hors de force... Fut
» jetée la fille Malèfre aval les degrés... Passant
» lesdites religieuses devant l'église Notre-Dame
» d'Alençon, plusieurs desdits Huguenots, sortant
» d'icelle église, revêtus des manteaux et des

(*) L'antiquaire d'Alençon place le pillage des temples dans l'année 1560. Il se trompe sûrement. Les temples d'Alençon furent pillés à la même époque que ceux de Rouen, de Caen et du Mans, qui furent pillés en 1562.

» habits des cordeliers dudit couvent ; vinrent
» au-devant desdites religieuses pour les prendre
» par-dessous les bras, lesquelles se jetèrent par
» terre et ne voulurent cheminer... Furent lesdites
» religieuses conduites dans la maison d'Aché...
» Fut l'église Notre-Dame pillée et volée... Furent
» les images abattues et brûlées... Pendirent l'image
» de Saint-Claude à une gouttière sur le pont du
» Guichet... Pendant ce tems ne se disait aucune
» messe à Alençon, sinon la nuit... Plusieurs gen-
» tilshommes huguenots rançonnaient les prêtres et
» curés ; et où ils ne voulaient payer rançon, leur
» coupaient les oreilles.... La Motte-Tibergeau
» avait une bandoulière d'oreilles de prêtres en
« écharpe.... David Gregoire, avec un fouet,
» chassait les gens hors d'église, et disait qu'il
» fouettait la messe ».

Le rapport des religieuses de l'*Ave Maria* est exagéré. Il est certain que les Protestans d'Alençon se comportèrent mieux que ceux de bien d'autres villes. Tout se passa avec beaucoup d'ordre ; il n'y eut point de sang répandu. Les reliques furent conservées, et mises en dépôt chez un nommé Guillaume Fouillard. Il n'en fut pas de même à Seès et à Mortagne. A Seès, on brûla toutes les reliques de la cathédrale, et même le corps de Saint Gerard. A Mortagne, les Protestans commirent des horreurs ; ils pendirent Etienne Chauvin, capitaine ; massacrèrent la plupart des prêtres ; et forcèrent un pauvre cordelier de Falaise, qui y prêchait alors, de souffler dans un pistolet dont ils lâchèrent le déclin.

CHAPITRE XXI.

François, duc d'Alençon.

Le roi, Charles IX, engagea sa mère à lui remettre le duché d'Alençon, dont il forma l'apanage de son frère François, qui prit le titre de duc d'Alençon.

Ce prince, qui n'avait que douze ans, ne pouvait encore prendre une part active aux troubles qui agitaient la France, ni empêcher que la capitale de son duché ne devînt souvent le théâtre de la guerre. Le capitaine Villarmoye, qui commandait une troupe de Protestans, vint loger au faubourg de Monsort, et imposa sur la ville une contribution en argent, qu'il fallut payer sur-le-champ.

Le comte de Montgommery, après avoir brûlé l'église Saint-Martin d'Argentan, pillé le château de Fleuré et l'abbaye de Saint-Martin de Seès, arriva à Alençon à la fin de septembre 1568, et logea dans le château bâti par ses ancêtres; fit observer à ses soldats la plus exacte discipline, et défendit qu'il fût fait aucun pillage, pour faire voir qu'il respectait les terres du célèbre Roger de Montgommery.

Depuis dix ans sur-tout, les Catholiques avaient souffert bien des maux de la part des Protestans, qui avaient horriblement massacré beaucoup de prêtres et de moines. Les Catholiques prirent cruellement leur revanche, le jour de la Saint-

Barthelemi 1572. Ils voulurent renouveler par-tout la scène tragique de Paris. A Rouen, les Catholiques s'armèrent aussitôt et massacrèrent les Protestans, malgré les efforts de Tannegui le Veneur, qui y commandait. A Lisieux, l'évêque Hennuyer rassembla les Protestans, et les prit tous sous sa sauvegarde. Les Protestans, touchés de ce trait de bonté, qui n'était pas très-commun alors, laissèrent les nouveautés, qu'ils qualifiaient de réforme, et embrassèrent le culte du bon prélat. A Alençon, quelques Catholiques, très-mauvais Chrétiens, aiguisaient déjà leurs couteaux. Matignon arrive à tems de son château de Lonray, pour empêcher l'effusion du sang humain. Il fait fermer les portes de la ville, établit par-tout des corps-de-garde ; défend, sous peine de la vie, aux Catholiques de toucher aux Protestans, qu'il prend sous sa protection ; rassemble ces derniers sur la place, leur fait prêter serment de fidélité au gouvernement, et exige pour sureté trente-deux otages. Les Protestans se jètent tous à genoux, pour remercier leur bienfaiteur, qui sauvait la vie à tant de familles.

Le duc était venu quelque tems avant à Alençon prendre possession de son apanage. A son entrée dans la ville, les échevins lui avaient présenté quatre clés d'argent, quatre pièces de vin clairet et deux beaux chevaux (*).

Ce prince, qui commençait à vouloir prendre part au gouvernement, avait été très-indigné de

---

(*) On distribua aussi une pièce de vin *aux notables bourgeois, manans et habitans de la ville.*

l'horrible massacre de la Saint-Barthelemi, et sur-tout de l'assassinat de l'amiral de Coligni, qu'il promit de venger. Les Protestans s'adressèrent à lui, et l'engagèrent à se mettre à leur tête ; il fit même plusieurs tentatives pour échapper de la cour ; mais il était alors tellement observé qu'il ne put jamais s'évader.

Les Protestans, qui avaient été singulièrement étourdis du coup terrible de la Saint-Barthelemi, assurés de la protection du duc d'Alençon, commencèrent à reprendre courage et même à remuer. Montgommery, qui était à leur tête, avait fait de grands ravages dans la basse Normandie, et s'était jeté dans le château de Domfront. En même tems le capitaine Brucourt s'était emparé du château d'Alençon avec sa troupe, qu'il y avait introduite par une petite rue qui conduisait au moulin de Lancrel, nommée *la Sente-à-l'Anier;* mais il n'y resta pas long-tems, et l'évacua, lorsqu'il apprit que Matignon poursuivait vivement Montgommery, et le tenait assiégé dans le château de Domfront.

Cependant le duc d'Alençon, qui n'aimait pas le duc d'Anjou, son frère, parce qu'il avait quitté la Pologne pour la France, continuait à inquiéter la cour. Henri III, pour se l'attacher, avait exigé qu'il communiât avec lui, et qu'il lui jurât fidélité sur la sainte hostie : ce qui n'empêcha pas le duc d'Alençon d'intriguer. Les Protestans furent encore une fois maîtres d'Alençon; mais ayant appris que Matignon, leur libérateur, marchait sur la ville, ils ne voulurent jamais se défendre, et lui ouvrirent les portes.

CHAPITRE XXII.

François quitte la cour, et se retire à Alençon.

FRANÇOIS, fatigué de la cour, où il n'était pas fêté, se concerta avec le roi de Navarre; ils convinrent ensemble de quitter la cour, et de se réfugier à Alençon.

François, sous prétexte d'une partie de plaisir, se rendit sur le soir au faubourg Saint-Marceau; entra chez une personne qui était dans le secret; sortit dans la campagne, où il trouva des chevaux qui l'attendaient; courut pendant toute la nuit, et arriva à Dreux, d'où, quelques jours après, il se rendit à Alençon.

Le roi de Navarre quitta aussi la cour, comme il en était convenu avec François. Ayant prétexté une partie de chasse, il gagna, pendant la nuit, Châteauneuf en Thimerais, et le lendemain il arriva à Alençon, accompagné seulement de trente personnes; mais bientôt deux cent cinquante seigneurs du Maine et de la Normandie se rendirent auprès de lui.

D'un autre côté le prince de Condé, qui était passé en Allemagne, et qui était rentré en France, se rendit à Alençon avec des troupes. Ces trois princes réunis formèrent une armée de trente mille hommes, dont le duc d'Alençon fut nommé généralissime; et alors ils dictèrent des lois à la cour. On rétablit la mémoire de l'amiral de Coligni, et celle du comte de Montgommery. Les Protestans obtinrent le libre exercice de leur religion, sans aucune modification. Le duc d'Alençon obtint pour lui l'augmentation de son apanage, le droit de nommer aux bénéfices, celui de nommer les gouverneurs de la ville et château d'Alençon, avec défenses faites à Matignon de donner aucuns ordres à Alençon.

Nos opinions dépendent beaucoup des objets qui nous environnent, du local que nous habitons, de l'éducation que nous recevons, et des places que nous occupons ; elles tiennent aussi un peu au caractère ; quelquefois les persécutions qu'on nous suscite nous les rendent plus chères, et quelquefois on est forcé de les sacrifier à l'empire des circonstances. Tel fut le roi de Navarre. Elevé par sa mère dans les principes du calvinisme, il les avait pour ainsi dire sucés avec le lait. Lors des massacres de la Saint-Barthelemi, il fut obligé d'adopter le culte catholique, d'en observer les pratiques et les cérémonies ; mais rendu à lui-même et à la liberté, il désira rentrer dans la communion protestante, à Alençon. On lui imposa une pénitence publique, à laquelle il se soumit volontiers. Il promit solennellement de suivre le catéchisme de son enfance et d'y persévérer : ce qui ne l'empêcha point, dix-sept ans après, lorsqu'il fallut monter sur le trône de France, d'abdiquer encore la religion protestante, et d'embrasser le culte catholique.

Le duc d'Alençon, étant retourné à la cour, ne se trouva point aussi recherché qu'il l'était lorsqu'il commandait trente mille hommes. On parut même le dédaigner. Les mignons de son frère insultaient ses favoris. On lui supposa des conspirations, et on le fit mettre à la bastille. On l'en retira, mais ce fut pour le constituer prisonnier dans sa chambre, où on le gardait à vue. Il avait fait le projet de s'évader de la cour, le 4 de février. La reine mère en arrêta l'exécution ; il remit son évasion pour le mardi gras, au sortir du bal ; le roi l'arrêta lui-même, et le mit entre les mains de Losses, son capitaine des gardes.

Ce fut Marguerite, reine de Navarre, sa sœur, qui lui procura les moyens de s'évader. Aidée de trois femmes de chambre, elle le fit descendre avec une corde dans les fossés, pendant la nuit. Il se rendit à l'abbaye de Sainte-Geneviève ; on fit un trou aux murailles de la ville, et le duc se sauva encore une fois à Alençon.

Pendant le séjour qu'il y fit, il vendit tous les terrains vagues aux environs de ses forêts, une partie des remparts, jusqu'aux places publiques, pour son expédition de la Flandre, où on le demandait. La reine mère, qui ne le ménageait point lorsqu'il était à la cour, et qui courait après lui lorsqu'il s'évadait, vint le trouver à Alençon, accompagnée de la reine de Navarre. Il donna de grandes fêtes à ces princesses, qui passèrent huit jours avec lui.

Le duc, gagné par sa mère, partit pour la cour, et coucha même avec le roi (*). Puis il

---

(*) Dans ce tems-là les lits étaient fort larges, et les hommes couchaient volontiers ensemble.

passa *incognito* en Angleterre, pour traiter de son mariage avec la reine Élisabeth. La reine l'aimait beaucoup, et l'aurait épousé; mais il parut de violens écrits contre elle, un entr'autres, qui avait pour titre : *Gouffre pour engloutir l'Angleterre par un mariage français.* La politique rompit le mariage.

CHAPITRE XXIII.

Le duc d'Alençon, nommé duc de Brabant; meurt à Château-Thierry.

Les Flamands ayant appelé le duc d'Alençon pour les gouverner, le duc passa en Flandre avec une armée. On lui fit jurer de gouverner le pays, non suivant ses caprices, mais suivant les lois. Le prince d'Orange le fit couronner, et lui dit, en lui mettant le manteau ducal : *Attachez-le si bien sur vous que personne ne puisse l'arracher.*

Peu de tems après, le faible duc laissa tomber lui-même son manteau. Il voulut asservir un pays où il avait été appelé pour le défendre. Il voulut gouverner en despote des peuples qu'il avait juré de gouverner suivant les lois.

Ce prince, mal conseillé, commença par vouloir s'emparer d'Anvers. Il fait marcher son armée sur la ville; on dissipe les corps-de-garde; on entre dans la ville. Deux cents hommes de la garde à cheval du duc s'avancent, en criant : *La messe, la messe, ville prise.* C'était l'heure du du dîner. Les bourgeois d'Anvers quittent la table, s'arment de tout ce qu'ils rencontrent, prennent des pièces de monnaie, qu'ils roulent pour leur servir de balles. Le prince d'Orange accourt, l'ardeur des habitans augmente. Les femmes, les enfans, tous se battent avec le plus grand acharnement. Le sang ruissèle dans les rues. Les Français, battus, se sauvent comme ils peuvent; quinze cents y périssent. Le duc, qui était resté hors la ville, ne fut que témoin de la malheureuse tragédie, et se retira, bien fâché d'avoir commis la plus grande des perfidies, et de n'avoir pas réussi.

Quelque tems après ce triste événement, François rentra en France, et mourut à Château-Thierry, en 1584, à l'âge de trente-deux ans. Les uns disent qu'il mourut d'une hémorragie, les autres d'une phthisie, les autres de poison. Il est étonnant que les habiles médecins, qui environnent les princes, ne caractérisent pas mieux les maladies dont ils meurent. Le corps fut apporté à Paris, et Renaud de Beaunes, archevêque de Bourges, fut chargé de faire l'oraison funèbre, entreprise fort difficile, et dans laquelle l'archevêque ne réussit pas.

En effet il n'était pas facile de bien peindre un prince qui était faible et entreprenant, libertin et ambitieux, prodigue envers ses favoris, et sacrifiant quelquefois ses meilleurs amis; un prince qui eut quelques vertus, mais dont la mémoire sera à jamais flétrie par la perfidie d'Anvers.

CHAPITRE XXIV.

Le duché d'Alençon réuni à la couronne.

A la mort de François, le duché d'Alençon fut réuni à la couronne. La France continuait d'être agitée de grands troubles, dont la religion était toujours la cause ou le prétexte. Il se forma deux partis bien prononcés ; celui des Royalistes, auquel se réunirent les Protestans ; et celui de la sainte Ligue, pour la défense du culte catholique, dont les Guise étaient les chefs.

Quoiqu'il y eût quelques zélés Ligueurs dans la ville d'Alençon, ce parti y était très-faible. La grande majorité des habitans se déclara pour le parti du Roi.

Le duc de Montpensier, gouverneur de la Normandie, qui avait embrassé ce parti, vint en 1589 à Alençon, où il fut joint par tous les seigneurs voisins de la Normandie, du Maine et du Perche, qui suivaient le même parti.

Après avoir réglé les affaires du roi à Alençon, Montpensier partit pour Seès, où il ne fut pas aussi bien reçu. La ville balançait entre les deux partis. L'évêque Moulinet et une partie des habitans étaient Royalistes ; mais les chanoines étaient presque tous des Ligueurs déterminés.

De Seès, le duc de Montpensier se porta sur Falaise, pour en former le siége. Brissac, qui commandait dans le pays, s'avança pour le faire lever avec six à sept mille paysans, à la tête desquels il y avait, dit-on, plusieurs ecclésiastiques. Montpensier livra le combat à *Pierre-Fite*, en assomma une partie et mit les autres en fuite. Il se trouva deux chanoines de Seès parmi les prisonniers.

Cependant il se commit à Alençon un crime horrible. Claude d'Escoliers commandait dans le château, et René de Renty était gouverneur de la ville. Renty, qui n'aimait pas d'Escoliers, répandit le bruit qu'il était d'accord avec le duc de Mayenne, et qu'il devait livrer le château. Quelques Protestans fanatiques attendirent d'Escoliers, qui devait aller dîner chez Jean de Frotté, seigneur de Couterne, et le poignardèrent.

Renty gagna par un crime la place de capitaine du château, qu'il ne garda pas long-tems. Le duc de Mayenne parut avec son armée devant Alençon, brûla le faubourg de Lancrel, pénétra dans la ville, battit le château pendant quatre jours, força Renty de capituler, imposa sur la ville une contribution de trente-deux mille écus, fit jurer tous les habitans de *vivre et mourir* pour la sainte Ligue qu'ils n'aimaient pas, et établit Lagau capitaine du château.

Un moine, en plongeant son couteau dans le sein de Henri III, plongea la France dans de nouveaux malheurs. La Ligue prit des forces nouvelles. Le roi de Navarre, légitime héritier, fut méconnu, et obligé de conquérir son royaume.

S'étant emparé du Mans, ce prince résolut de s'emparer d'Alençon. Les habitans avaient déjà fait, pour se saisir du château; plusieurs tentatives qui n'avaient pas réussi. Duval, Barbier, Houssemaine, bourgeois; et Petit, régent; l'Epine, Pichonnier, soldats de la garnison, ayant été découverts par Lagau, avaient été pendus, et leurs têtes exposées sur la porte du château.

Henri envoya devant Hertré, un des braves du pays, très-attaché au roi, pour investir la ville. Biron vint ensuite avec l'artillerie, qu'on fut obligé de traîner quelquefois sur des claies, tant les chemins étaient mauvais. Le roi vint après. On commença par s'emparer du fort du Boulevard, après avoir abattu le pont-levis, que les Anglais au service de Henri accrochèrent avec des harpins de fer. Lagau se retira dans le château, et les habitans ouvrirent les portes aux Royalistes. Alors on éleva une batterie pour foudroyer le château; on mit à sec les fossés, et le capitaine fut forcé de capituler.

Henri IV, qui dans ce tems-là avait un pressant besoin d'argent, se fit payer par la ville dix mille sept cents quelques écus, qui étaient encore dus au duc de Mayenne; emprunta en outre six mille écus; et, avant de partir, établit Hertré gouverneur de la ville et du château.

Hertré était toujours en activité; il battit plusieurs fois les troupes de la Ligue aux environs d'Alençon. Mallard, capitaine du château d'Essay, pour la Ligue, avait formé une troupe de paysans, qui avaient pris les armes pour la défense de la religion, et qui pillaient quelquefois les propriétés. Ils portaient le nom de *Lipans*, et on ne peut mieux les comparer qu'aux *Chouans* de nos jours. Hertré sortit d'Alençon, les battit, et s'empara du château d'Essay. Henri, pour le récompenser, érigea sa terre de Hertré en baronnie, et lui donna l'abbaye de Perseigne.

CHAPITRE XXV.

Marie de Médicis, duchesse d'Alençon.

Henri IV avait été obligé de vendre le duché d'Alençon au duc de Wirtemberg, auquel il devait de l'argent, et qui le posséda pendant huit ans. Marie de Médicis le remboursa ; et le roi, par ses lettres patentes du mois de septembre 1612, ordonna qu'elle en jouirait, ainsi qu'en avait fait le duc de Wirtemberg, avec le titre de duchesse d'Alençon.

La politique éteint souvent la tendresse maternelle, la piété filiale, tous les plus doux sentimens de la nature. La mère du roi se brouilla avec son fils ; et, appuyée d'un grand nombre de seigneurs, elle quitta la cour, et se retira à Alençon, dont elle donna le gouvernement à François de Faudoas, comte de Belin. Le fils prit les armes contre sa propre mère, et fit marcher une armée pour la combattre. Créqui s'avança sur Alençon, au mois de juillet 1620 ; mais Faudoas, apprenant que le Perche était soumis, que Verneuil venait d'ouvrir ses portes, abandonna la ville, dont le marquis de Créqui prit possession.

La mère se réconcilia avec le fils; mais la politique les brouilla de nouveau. Marie de Médicis avait appelé à la cour Richelieu, évêque de Luçon, qu'elle avait élevé au comble des honneurs et des dignités. Richelieu, tout puissant, chassa de la cour sa bienfaitrice; et la duchesse d'Alençon, veuve de Henri IV, mère de Louis XIII, fut obligée de se retirer à Cologne, où elle mourut dans l'indigence.

Cette femme, extrêmement violente, et plus tracassière que politique, n'était pas moins dévote; elle a fondé à Paris un monastère de religieuses du Calvaire, et établi à Alençon une maison de Jésuites.

CHAPITRE XXVI.

Gaston, frère de Louis XIII, duc d'Alençon.

Louis XIV partagea, en 1646, avec Gaston, duc d'Orléans, son oncle, la succession de son aïeule, Marie de Médicis, morte à Cologne; et Gaston eut pour sa part le duché d'Alençon.

Les frères d'un roi sont forcés de jouer un rôle assez embarrassant. La cour, qui craint leur influence, ne les emploie point, les néglige, excite leurs humeurs. D'un autre côté les mécontens se rallient autour d'eux, les aigrissent; et, s'il se forme un parti contre la cour, ils sont comme entraînés malgré eux, et obligés de se mettre à la tête.

Gaston se mêla de toutes les conspirations contre Richelieu. Il engagea le duc de Montmorency à se soulever. Montmorency fut pris, mis à mort, et Gaston l'abandonna. Il trempa dans la conspiration de Cinq-Mars, s'humilia et se tira d'embarras.

Si Gaston fut constamment l'ennemi de Richelieu, il le fut aussi de Mazarin, et se mêla de la guerre de la Fronde, sans vouloir en être le chef ni le héros. Ce prince entra dans toutes les cabales, dit le cardinal de Rets, parce qu'il n'avait pas la force de résister à ceux qui l'y entraînaient. Il en sortit toujours avec honte, parce qu'il n'avait pas le courage de les soutenir.

Les Frondeurs menacèrent de se saisir d'Alençon; mais la majeure partie des habitants se décida pour la cour. On répara les fortifications, on munit le château, et jamais les Frondeurs, quoiqu'ils fussent les maîtres dans les environs, n'osèrent tenter de s'en emparer. Dans le Maine, dans le Perche, les Frondeurs diminuèrent le prix du sel, pillèrent même les recettes. A Alençon, les recettes ne furent point pillées, et le prix du sel ne fut pas même réduit.

Nous avons rapproché Robert de Montgommery et Charles IV, seigneurs d'Alençon. On peut aussi rapprocher les deux seigneurs, François et Gaston, qui ont plusieurs rapports, très-bien vus par Mongez. Tous deux sans mérite personnel, tous deux livrés à leurs favoris, tous deux, en faisant leur paix avec la cour, sacrifièrent leurs amis. François sacrifia la Mole, et Gaston Montmorency.

CHAPITRE XXVII.
Madame de Guise, duchesse d'Alençon.

Après la mort de Gaston, Marguerite de Lorraine, sa veuve, jouit en douaire du duché d'Alençon, qui passa à sa seconde fille, Elisabeth d'Orléans, appelée Mademoiselle d'Alençon. Louis XIV le lui donna, en 1667, en faveur de son mariage avec Louis-Joseph de Lorraine, duc de Guise. Le duc étant mort en 1671, la duchesse se proposa de faire son principal séjour à Alençon.

Il y avait long-tems que les seigneurs d'Alençon n'y avaient habité. La maison de plaisance n'existait plus, et une partie de l'ancien château était démolie. Il ne restait que le donjon, et quelques vieilles tours, qui n'étaient propres qu'à loger des prisonniers et des chouettes.

La princesse acheta, dans le faubourg de Saint-Blaise, un très-bel emplacement, où elle fit bâtir un palais, dont elle prit possession en 1676. Elle y fut complimentée par le gouverneur, par l'évêque et par tous les ordres de la ville.

C'est un très-grand avantage que les seigneurs demeurent dans leurs terres, et qu'ils y dépensent les revenus qu'ils perçoivent; mais dans l'ordre moral, l'influence que leur donnent le pouvoir et les richesses, peut être très-dangereuse.

La duchesse forma à Alençon une petite cour, qui fut le centre de bien des intrigues. Il y avait à cette époque à Alençon deux hommes très-célèbres; le père de la Rue, jésuite, grand prédicateur ; et Elie Benoît, savant ministre réformé. Un jour qu'Elie Benoît était en chaire, des Catholiques, animés, dit-on, par les Jésuites, s'ameutèrent autour du temple, dont ils cassèrent les vitres. Elie Benoît se mit en prière, et les pauvres Protestans furent obligés de mettre l'épée à la main pour se défendre. L'affaire fut portée devant M. de Morangis, intendant, qui décida en faveur des Protestans, dont la cause n'était surement point équivoque ; mais le père la Rue, bien capable, par son mérite et ses rares talens, d'influencer une femme assez peu éclairée et très-dévote, sut gagner madame de Guise, qui eut assez de crédit pour faire perdre la place de M. de Morangis.

Elie Benoît, qui avait attaqué un sermon du père la Rue, sur les *devoirs d'un Chrétien élevé en dignité*, fut obligé de se retirer à Delft, avec Judith Bonvoust, sa femme, qu'il avait prise à Alençon. Il nous a laissé de cette femme un portrait qui n'est pas flatté. Auprès d'elle la femme de Socrate aurait été un ange.... *Vitiis omnibus implicata...., avara, procax, jurgiosa, inconstans et varia ; indefessâ contradicendi libidine, per annos 47 miserum conjugem omnibus diris affecit.*

Comme l'église réformée d'Alençon était très-nombreuse (*), il y avait trois ministres pour la

_____

(*) *Au milieu du seizième siècle, dit Chanfailli, dans l'antiquaire de la ville d'Alençon, survint le malheur de l'hérésie de Calvin. Les habitans d'Alençon, qui avaient toujours été bons Catholiques, furent presque tous pervertis, et infectés de la susdite hérésie.*

desservir. Benoît ne fut pas le seul persécuté. Pierre Méhérenc fut accusé d'avoir comparé la déclaration du roi au sujet des enfans réformés, avec le massacre des innocens par Hérode; il lui fut fait défense d'exercer le ministère dans le Maine et dans la Normandie.

Ce n'étaient encore que les préliminaires de la révocation de l'édit de Nantes. A cette époque ce fut une grande désolation dans la ville, dont plus de la moitié avait adopté la réforme. Les Protestans quittèrent presque tous, et emportèrent avec eux les arts et les manufactures. On lit, dans une vieille pancarte de l'année 1648, le tarif des droits que la ville avait droit d'exiger sur les marchandises qu'on fabriquait *dans la ville et faubourgs d'Alençon, où l'on fabriquait des draps, des serges de seigneur, des bouracans, des serges drapées, des serges de deux étains, ras et étamines; des droguets et serges sur fil; des coutils et des passemens de laine en forme de soie.* Il paraît par le même tarif que le commerce des toiles était plus considérable qu'il n'est aujourd'hui, *et qu'on employait et teignait en bougrains les vieux draps.*

Les Jésuites firent bien du mal aux Protestans d'Alençon. Ils n'en firent pas moins à plusieurs prêtres attachés à Port-Royal, qui avaient vivement attaqué leur morale. Nous ne parlerons ici que de Gregoire Morel, docteur en théologie, ancien vicaire de Saint-Médard. L'abbé de Lonlay l'avait nommé curé d'Alençon; mais les Jésuites intriguèrent si bien auprès de madame de Guise, qu'elle s'opposa à la prise de possession de Morel, et qu'elle engagea le présentateur à nommer M. Bélard, qui posséda la cure par la protection spéciale de la duchesse, malgré le bon droit de Morel.

Si cette femme, mal conseillée, fit quelque mal à Alençon, elle y fit les plus grands biens. Elle contribua à fonder à Alençon la communauté de l'Union-Chrétienne, nommée alors *Compagnie de la foi*. Elle donna pour cela une maison en 1677.

C'est sur-tout aux pauvres qu'elle fit de grands biens. Elle doit être regardée comme la plus signalée bienfaitrice de l'Hôtel-Dieu. Elle rétablit l'ordre dans la maison ; donna un réglement fort sage, approuvé par l'évêque, et homologué au parlement. Elle fit bâtir la chapelle, où elle établit un second chapelain ; et elle confia le soin de l'hôpital à des dames de la Charité, qu'elle fonda.

Cette femme, qu'un écrivain d'ailleurs très-sage traite de bigote, d'après les mémoires de mademoiselle de Montpensier, sa sœur, était vraiment pieuse et charitable ; mais un peu faible et tracassière. Elle mourut à Versailles en 1696, et laissa encore par son testament son palais d'Alençon à ses bons amis, les pauvres de l'Hôtel-Dieu.

CHAPITRE XXVIII.

Louis-Stanislas-Xavier de France, dernier duc d'Alençon.

Après la mort de madame de Guise, le duché d'Alençon fut réuni à la couronne jusqu'en 1710, que Louis XIV le donna en apanage à Charles de France, son petit-fils, qui mourut en 1714. Ce duché fut encore réuni à la couronne jusqu'en 1774, que Louis XVI le donna à son frère, Louis-Stanislas-Xavier, avec les vicomtés d'Orbec et de Falaise.

M. Geoffroy de Limon prit possession pour ce prince, qui n'est jamais venu à Alençon, où il n'est connu que par ses bienfaits. Il y avait fondé un couvent de religieuses Carmelites.

La révolution, qui a précipité Louis XVI du trône et l'a fait monter à l'échafaud, n'a pu manquer d'engloutir le duc d'Alençon, son frère. Ce prince, triste jouet de la fortune, traîne aujourd'hui sa pénible existence au fond de la Russie, où l'empereur Alexandre a bien voulu le recevoir par commisération.

Cette révolution, si fatale au dernier duc, n'a point occasionné à Alençon autant de malheurs que dans beaucoup d'autres endroits. Pendant qu'on immolait à Caen M. de Belzunce, on a conservé à Alençon M. de Caraman. Un seul capucin a été victime.

LIVRE V.

Description d'Alençon.

CE Livre comprend les objets curieux des environs d'Alençon, la population de la ville, les ponts, les places, les rues, les promenades, les anciens établissemens religieux, les temples, l'hospice, les établissemens civils, les hommes de lettres, les anciens établissemens littéraires, les nouveaux et le commerce.

CHAPITRE PREMIER.

Environs.

JE ne vois aux environs d'Alençon que quatre objets de curiosité; la butte de Chaumont, l'étang des Rablais, les ruines de Saint-Cénery, et le château de Lonray.

Lorsqu'on jète ses regards sur la plaine et les coteaux qui environnent Alençon, l'objet qui frappe le plus est la butte de Chaumont. C'est une grosse masse isolée, qui présente la figure régulière d'un cône obtus, dont il n'est guère de curieux qui ne désire atteindre le sommet.

Cette montagne, distante d'Alençon d'environ 1 myriamètre (5132 toises), est, dit-on, la plus haute de l'ancienne Normandie. On n'y trouve aucun vestige du dépôt des eaux, aucune empreinte de coquillages. Par-tout on trouve la roche pure, qui a donné son nom à un bourg voisin. Pour arriver de la base au sommet, du côté de l'est, on parcourt, par un chemin un peu oblique, 2 kilomètres 6 hectomètres 9 mètres (1337 toises).

On trouve sur le sommet une grande enceinte, dont le diamètre est de 1 hectomètre (51 toises 1 pied 11 pouces), et qui est entourée de décombres d'anciens murs, qui avaient d'épaisseur 3 mètres 12 décimètres 4 centimètres (2 toises 11 pouces 8 lignes). Au milieu de cette enceinte, il y a encore une apparence de puits. A côté de la grande enceinte, on en voit une autre plus petite, également environnée de décombres, et qui a de diamètre 40 mètres (20 toises 3 pieds 2 pouces).

Ces enceintes annoncent l'existence d'une forteresse tellement ancienne qu'il n'en existe aucuns mémoires. Un hermite s'établit sur les ruines de l'ancien château, dont l'emplacement devint un hermitage qui n'existe plus. La tradition du pays ne remonte pas plus haut.

Cette superbe montagne, qui forme le plus beau coup d'œil d'Alençon, est un baromètre pour le pays. Toutes les fois que le sommet est couvert d'un brouillard, qu'on appelle son chapeau; c'est une marque infaillible de pluie.

L'étang des Rablais, à la distance d'Alençon d'environ 7 kilomètres (3592 toises), est la plus belle pièce d'eau de ce pays. Il est environné de bois, dont toutes les eaux descendent dans son vaste bassin, qui a de circonférence 3 kilomètres 3 hectomètres 60 mètres (1724 toises).

Le simple curieux vient y contempler une petite mer méditerranée. Le rêveur mélancolique s'y arrête, et voit une image de la société dans le mouvement de ses flots toujours agités. Le botaniste vient cueillir sur ses bords des plantes aquatiques qu'il ne trouve point ailleurs, dont la multitude et la variété l'étonne ; et le chasseur vient y poursuivre des troupes d'oiseaux de mer, qui interrompent par leurs cris le silence de cette profonde solitude.

Le roc de Saint-Cénery est célèbre par sa position, par les seigneurs qui l'ont occupé ; et par les différens siéges qu'il a éprouvés.

Ce roc, distant d'Alençon d'environ 1 myriamètre 3 kilomètres (6672 toises), paraît avoir été jeté par un bouleversement extraordinaire au milieu du canal de la Sarthe, qui en fait pour ainsi dire le tour.

Ce lieu agreste, qu'il faut avoir vu pour s'en faire une idée, tire son nom d'un hermite qui eut le courage d'y habiter. Geoffroy, seigneur de Mayenne, y fit bâtir dans le onzième siècle un château, qu'il donna à Guillaume Giroye, seigneur d'Echauffour.

Les Giroye, célèbres dans l'histoire par leur bravoure et par leur piété, ont long-tems possédé Saint-Cénery, et en ont beaucoup augmenté les fortifications.

Les seigneurs d'Alençon, qui s'emparèrent de ce château, en augmentèrent tellement les fortifications, que cette place devint la plus forte du pays, et qu'en tems de guerre ils quittaient le château d'Alençon, et se retiraient dans celui de Saint-Cénery, pour y être plus en sureté.

Cette forteresse a éprouvé un grand nombre de siéges. Comme on ne pouvait y aborder que par un point singulièrement fortifié, elle était pour ainsi dire imprenable avant l'usage de l'artillerie. Depuis l'invention du canon il était facile de la foudroyer, parce qu'elle est environnée de coteaux qui la dominent. Les Anglais ont pris, perdu, repris cette forteresse, et l'ont tant de fois battue, sous le règne de Charles VII, qu'ils l'ont enfin ruinée.

En 1434, le comte d'Arondel conduisit quinze mille Anglais devant Saint-Cénery; éleva deux batteries, l'une du côté d'Alençon, et l'autre du côté du Maine; battit la place pendant trois mois; s'en empara et la fit raser.

Il ne reste plus de cet antique château que quelques pans de murs encore debout, qui bravent les injures du tems, et des masses renversées, composées de blocaille et de moëllon, liées par un mortier si dur, qu'on casse plutôt la pierre qu'on ne la détache.

Saint-Cénery, qui avait le titre de ville, et dont

dont les habitans avaient le droit de bourgeoisie, n'est plus aujourd'hui qu'un chétif village, entouré de ruines et de décombres qui affligent. On y voit encore l'ancienne église solidement bâtie, et une petite chapelle, sur le bord de la rivière, où repose le corps de l'hermite Saint Cénery, sous une grosse pierre de granit, qui, dit-on, lui servait de lit. Sa vie miraculeuse a été écrite par un auteur anonyme.

Le château de Lonray a passé en bien des mains. Beaucoup de filles l'ont porté en mariage à différens seigneurs. Une fille, héritière de Guarin de Lonray, le porta en mariage à Nuilly, bâtard de la maison d'Alençon. Une autre fille, descendante de Nuilly, le porta en mariage à un seigneur de Silly. Une héritière de la maison de Silly le fit passer dans la maison de Colbert Seignelay. Une fille, héritière de la maison de Colbert Seignelay, le fit passer au maréchal de Luxembourg. Anne Léon, duc de Montmorency Luxembourg, l'a vendu à M. Mercier, qui le possède aujourd'hui.

Ce château, bâti dans une plaine, à la distance d'Alençon d'environ 5 kilomètres (2,566 toises), n'est pas fortifié par la nature; mais il était défendu par des tours qu'on a démolies, et par des fossés larges et profonds, qui sont toujours pleins d'eau. Il a été habité par François de Silly, bailli de Caen, qui mourut devant Pavie, et par Amée de la Fayette, sa femme, célèbre à la cour de François I, qui l'aimait beaucoup. François de Silly a fait bâtir l'aile gauche. Il a été aussi habité par Jacques de Matignon, lieutenant général de la Normandie, qui sauva les Protestans d'Alençon du massacre de la Saint-Barthelemi. Léonor de Matignon, évêque de Lisieux, a fait bâtir la façade et l'aile droite. Ce c'âteau, un peu massif, qui annonce par ses colonnes, son dôme et la grandeur des appartemens, la puissance des seigneurs qui l'ont possédé, est environné d'un très-beau parc.

On arrive à Alençon par cinq routes différentes : celles de Paris, de Seès, de Bretagne, du Mans et de Mamers. En arrivant par les routes de Seès et de Paris, on n'aperçoit nullement la ville. En arrivant par celle du Mans, on la voit toute entière, et en arrivant par celle de Bretagne, qui est la plus droite et la plus unie, on jouit du plus charmant coup d'œil.

CHAPITRE II.

Population.

La ville d'Alençon est posée dans un vallon très-agréable, environné d'une campagne très-fertile, à 1 myriamètre (5,132 toises) des coteaux d'Ecouves, et à une égale distance de ceux de Perseigne. Quoiqu'il y ait régné quelques épidémies, comme en 1638, qu'il mourut beaucoup de monde, et qu'il périt vingt capucins, victimes de leur zèle, cependant l'air est assez bon, et un peu froid lorsque le vent souffle de l'est.

On bâtit très-facilement à Alençon, parce qu'on y trouve très-commodément les matériaux et la main-d'œuvre. Condé fournit la belle pierre de granit ; Saint-Germain, la tuile ; Saint-Pater, la chaux ; Lonray, les maçons ; et les bois descendent des coteaux d'Ecouves et de Perseigne.

Alençon ne s'étend point le long de la Sarthe, et ne forme point de ces beaux quais qui font l'ornement de plusieurs villes. La ville ne touche guère à la Sarthe que par ses ponts. La bâtisse s'est portée sur les coteaux voisins, où elle a formé les beaux quartiers de Monsort, de Casault, de Saint-Blaise, du Cours et de l'Ecusson.

Sur la demande de M. Lamagdelaine, préfet de l'Orne, la ville d'Alençon vient de s'accroître d'une portion du faubourg de Monsort, qui dépendait de la commune de Saint-Pater, située dans la plaine. On a affiché, le 5 septembre 1805, cette réunion, faite en vertu d'un décret impérial, daté de Gênes, le 18 juillet même année.

On a toujours augmenté la population d'Alençon. Avant la réunion d'une partie du faubourg de Monsort, M. Desnos l'a portée à quinze mille habitans, et prétend qu'elle augmente tous les jours. Je crois pouvoir assurer que, depuis cette réunion, elle ne s'élève pas au-dessus de quatorze mille, et qu'elle ne tend point à augmenter. Si la nouvelle manufacture de basin emploie un grand nombre d'ouvriers, ce n'est guère qu'aux dépens de la manufacture des toiles de chanvre. Ce ne serait qu'en donnant une plus grande activité à ce commerce, ou qu'en établissant de nouvelles manufactures, qu'on augmenterait les richesses et la population d'Alençon.

Il serait très-facile d'établir à Alençon une manufacture de porcelaine, puisqu'on y trouve le *kaolin* et le *petunzé*. En 1766, M. Desnos en envoya à Paris. Voici ce que M. Macquer lui répondit : *Je vous dirai sous le secret que l'envoi que vous m'avez fait, fait partie d'une porcelaine très-belle. J'ai envie d'en présenter quelques vases au roi, le jour de sa fête. Je serais arrêté dans le plus beau chemin si vous ne m'en envoyez pas d'autre. Je vous prie donc de me faire encore un petit envoi. Cette découverte peut être utile au pays et aux propriétaires du terrain.* La ville d'Alençon n'a point encore profité de ces avantages. Il serait bien à désirer que quelques citoyens de la ville se missent à la tête de cette entreprise, et que M. Rœderer voulût bien la protéger.

Les habitans d'Alençon présentent quelques variétés. Les hommes sont à proportion beaucoup mieux que les femmes, sous les rapports de la taille et de l'embonpoint. Ceux qui vivent de leurs revenus et de leurs talens diffèrent beaucoup des ouvriers qui tissent dans les souterrains. Les femmes offrent encore de plus grandes variétés. Celles qui sont dans l'aisance et qui se donnent de l'exercice, sont bien différentes des femmes qui sont forcées de faire de la dentelle du matin au soir. Ces femmes, qui mènent une vie trop sédentaire, sont généralement maigres et blêmes. Clouées sur un siège, les yeux constamment fixés sur les objets les plus délicats, elles contractent nécessairement les funestes habitudes du tabac et des chauffe-pieds, qui achèvent de les exténuer.

CHAPITRE III.

Ponts.

Pour faciliter les communications, on a jeté, en différens tems, sept ponts sur la Briante et trois sur la Sarthe.

Les plus anciens ponts d'Alençon sont les vieux ponts de Sarthe. On choisit l'île du Boulevard, où la Sarthe forme deux branches, et on y jeta d'abord des ponts de bois, qu'on levait pour la défense de la ville et du fort. A la place des ponts de bois, on construisit, en 1700, deux ponts de pierre, qui n'ont de largeur que 5 mètres (2 toises 3 pieds); et, au lieu de les poser sur une ligne droite, on leur a donné une direction oblique, qui les rend singulièrement incommodes.

En 1769, on commença à jeter sur la Sarthe, un peu plus haut, un nouveau pont, qui n'a été fini qu'en 1781. Ce pont, d'une très-belle forme et très-solidement bâti en pierre de granit, a de longueur 41 mètres (21 toises), et de largeur 12 mètres (6 toises 11 pouces). On a commencé à élever des maisons aux deux bouts; et ce qu'il y a d'extraordinaire, c'est que la bâtisse est plus avancée au bout qui touche à Monsort, qu'à celui qui touche à la ville.

Ces ponts font communiquer la ville avec un de ses plus grands faubourgs, le département de la Sarthe avec celui de l'Orne, les villes du Mans et de Tours avec celle de Rouen. Les grains, les vins, les fruits, des productions de toute espèce y passent incessamment; ce qui occasionne un grand mouvement, et fait pour Alençon une branche importante de commerce.

Il n'y a que deux ponts sur la Briante qui méritent quelque attention; celui qui fait communiquer la ville avec le faubourg de Bretagne, et qui est fort beau; et celui qui fait communiquer la place Bonaparte avec le jardin public, et qui est très-élégant. On ne passe guère sur ce pont sans jeter un coup d'œil sur le jardin anglais de M. Pihan, dont les décorations brutes et agrestes, les allées tortueuses et l'espèce de désordre, contrastent singulièrement avec les allées bien droites et l'ordonnance très-symétrique du jardin public.

CHAPITRE IV.

Places publiques.

JE ne parle point des places du Plénître, de Lancrel et du Collége, qui sont plutôt des carrefours que des places. Je ne compte à Alençon que sept places publiques, plus ou moins belles: les places Bonaparte, du Cours, du Palais, Lamagdelaine, Napoléon, de la Sénatorerie, et le Champ-de-l'Egalité.

La place Bonaparte, qui est la plus belle d'Alençon, est à-peu-près de figure ronde, et a de diamètre 1 hectomètre 18 mètres (60 toises). Elle présente dans son enceinte des contrastes rapprochés, et qui sont bien frappans. On y voit des pans de murs de l'antique château, dont les pierres brutes, posées de champ, liées par le plus dur ciment, annoncent la bâtisse des Montgommery. On voit à côté une très-belle tour, qu'on appelle *la Tour couronnée*, qui servait à défendre le pont-levis; tout près un superbe pavillon, flanqué de deux grosses tours, bâti par Jean II ; et, en face, l'hôtel-de-ville, d'une bâtisse moderne, qui contraste merveilleusement avec ces belles antiquités.

La place du Cours est à-peu-près de figure carrée, et ne présente rien de frappant dans son enceinte. Le sol est plus élevé que le niveau de la rue, ce qui est fort incommode. Comme elle sert de marché pour les bœufs, lorsqu'ils ont détrempé les boues dans un tems pluvieux, elle est exactement inabordable.

La place du Palais, qui est une des plus anciennes d'Alençon, est aussi à-peu-près de figure carrée. Le mouvement devait y être plus considérable, lorsqu'elle réunissait les tribunaux et l'hôtel-de-ville. Elle n'est bien fréquentée que le jeudi, jour de marché. C'est là que se vendent les fils, les toiles, qu'étalent les petits merciers, les petits bouchers. C'est aussi sur cette place qu'on expose et exécute les criminels.

La place Lamagdelaine est formée d'un ancien cimetière. Elle est très-nouvelle, très-petite, environnée de très-petites boutiques. C'est sur cette place que s'établissent journellement les petites marchandes de fruits, et que l'on vend tous les jeudis les menues denrées et les comestibles.

La place Napoléon est aussi formée d'un cimetière. On y vend les denrées les lundi et samedi. Cette place est irrégulière, dans un très-vilain quartier, et déserte les autres jours de la semaine.

La place des Poulies, qui a pris ce nom d'un certain jeu, auquel se livraient dans un tems les seigneurs d'Alençon, vient de prendre le nom de Sénatorerie, de la nouvelle maison sénatoriale. Cette place n'est point régulière; le sol en est inégal, et couvert de boue dans les tems pluvieux; mais on commence à l'aplanir. On vient d'afficher le projet d'y construire une salle de spectacles. S'il se réalise, ce quartier deviendra un des plus beaux de la ville.

La place de l'Egalité, autrement le Champ-du-Roi, est sans contredit la plus belle des places d'Alençon; elle les renfermerait pour ainsi dire toutes dans sa vaste enceinte. Cette place est dans une position magnifique, d'où l'on voit la butte de Chaumont, cette superbe montagne, de forme conique, qui est certainement l'objet le plus frappant des environs d'Alençon. C'est bien dommage que cette belle place soit trop éloignée du centre de la ville, qu'il ne s'y fasse aucun commerce, et qu'elle ne soit environnée que de quelques cabanes.

CHAPITRE V.

Rues.

On compte à Alençon quatre-vingts rues ou ruelles, et les plus belles rues sont dans les faubourgs. Les rues du Mans, de Saint-Blaise, du Cours avec ses trottoirs, sont larges et belles. La plus belle de toutes est la rue de Bretagne, celle qui présente le plus beau coup d'œil. On a aligné plusieurs autres rues qui la coupent à angles droits; mais on y bâtira quand on pourra.

Après la rue de Bretagne, et celles qui la traversent, les plus droites sont celles de Sarthe, du Pont-Neuf, du Bercail, de Labarre, du Collége et de l'Écusson.

Ces belles rues contrastent singulièrement avec les rues tortueuses de la Mairie, des Granges, de la Juiverie, des Marais, de l'Hospice, et les rues mal-propres et hideuses du Change, de Saint-Pierre, des Lombards et de la Gueule-d'Enfer.

La rue la plus marchande est la Grande-Rue. C'est là qu'on voit les riches boutiques de draperies, de modes et de bijouteries. Il s'y fait beaucoup de mouvement; mais point autant qu'au carrefour des Etaux et dans la rue de Sarthe. C'est là que le peuple habite, qu'il circule, et que se fait le plus grand commerce de fruits, de légumes et de petites denrées.

Les rues ont souvent changé de nom; mais

les dénominations anciennes et nouvelles ne sont pas fort heureuses : quelques-unes même sont singulières.

La rue du *Jeudi* prend son nom du jour du marché. La rue du *Change* est peut-être la plus pauvre. A Monsort, qui en langue celtique signifie feu, on trouve la rue des *Tisons*, et dans cette rue la *Cour-Brûlette*. La rue de *l'Air-Haut*, ainsi nommée de sa position élevée, a pris le nom de *l'Hérault*, qui n'a plus aucune signification. La rue *aux Sieurs*, ainsi nommée parce que les échevins y demeuraient, a pris le nom de rue *aux Cieux*, qui ne signifie plus rien. La rue des *Belles-Femmes* a pris le nom de rue du *Cygne*, d'une enseigne de cabaret. La rue *Badoire* a pris le nom de *Cave-au-Bœuf*. La rue de la *Personne*, ou du *Curé*, a pris le nom de *Bercail*, ou des *Brebis* (*). La rue de la *Motte* a pris le nom de rue *Etoupée* ; et la rue de *Langlois* a pris le joli nom de *Gueule-d'Enfer*. On vient de donner le nom *d'Emulation* à une rue. On ne devine pas trop pourquoi. L'émulation convient spécialement aux élèves, aux écoliers. Quelques sociétés littéraires ont pris ce nom. Dernièrement des sauteurs et danseurs de corde affichèrent en face de cette rue : *Exercice d'émulation*.

Les différentes rues de la ville offrent des

(*) Dans le douzième siècle il y avait un four dans cette rue. On lit, dans un acte de Guillaume III, *Dedi pagano calido furnum unum in veteri burgo de Alenconio.*

contrastes bien différens. La solitude et le silence le plus profond règnent dans la rue du Jeudi, pendant que les fléaux retentissent dès le matin dans les rues de Casault, de Lancrel et de l'Ecusson, et que les voitures roulent pesamment sur le pavé des rues de Saint-Blaise et du Mans, où le charron, enfonçant le rais avec effort, fait un bruyant concert avec le maréchal qui cercle la roue en cadence. Dans la Grande-Rue, la marchande de modes promène nonchalamment ses doigts sur le linon, pendant que la marchande d'herbes promène par-tout péniblement ses laitues. Le jardinier de Labarre cultive paisiblement ses racines, pendant que le boucher des Marais abat sous sa lourde masse le bœuf innocent, et fait couler des flots de sang noir dans la rue de l'Hospice.

La langue des signes est très-abondante et très-variée. Dans la campagne, le dieu terme partage les héritages, et est le plus respecté de tous les dieux. Un bouchon de paille au bout d'une perche plantée dans un champ, pour l'interdire aux bergers, fait plus d'impression que toutes les lois pénales. Dans la ville, les signes sont très-multipliés, et souvent très-superflus. Le charron et le maréchal, le chaudronnier et le ferblantier, n'auraient pas besoin de signes, le bruit qu'ils font indique assez la boutique. Le boucher et le boulanger n'ont point d'autres signes que la viande et le pain, et il n'en est point de plus expressifs. Le traiteur n'a pas besoin de faire peindre une longe de veau ni un gigot de mouton. Le fumet de l'oison d'Alençon et des poulardes du Mans est plus efficace que toutes les peintures. Le bocal d'abricots du cafetier, le vin de Champagne qui pétille, les titres fastueux de Grand-Hôtel, l'inutile étalage des noms de l'hôte, tout cela n'est point aussi attrayant pour le bon buveur que le bouchon de houx du simple cabaretier. L'homme de loi, renfermé dans son cabinet, est plus connu que l'huissier qui s'affiche et qui offre ses services à tout le monde.

Les cris des rues mériteraient bien d'être notés par un habile musicien qui pourrait distinguer toutes les variétés de ton, jusqu'aux plus petites nuances. Dès le matin la laitière ouvre la scène, et réveille par ses cris perçans la servante encore endormie. Pendant tout le jour paraissent en foule tumultuairement les marchands d'herbes, de friture et de vieux fromage, qui font la taille, pendant que le marchand de charrée fait la basse d'une voix très-rauque, et que la fruitière, au bec aigu, prend aigrement le dessus. Le soir, le marchand d'oublies ferme la scène, et parcourt les rues, alors silencieuses, en chantant le *plaisir des dames*, d'une voix claire et sonore; mais, pendant trois mois, tous ces crieurs et chanteurs sont effacés par le marchand d'almanachs et sa fille, qui chantent une chanson, dont ils ont fait eux-mêmes les paroles et la musique.

CHAPITRE VI.

Promenades.

Il n'y avait jadis aucune promenade à Alençon, aucun rendez-vous pour la foule. Les bords de la Sarthe et de la Briante offraient seulement un asile aux promeneurs solitaires, qui pouvaient jouir d'un site agréable et pittoresque, à Guéramé, où la Sarthe forme un groupe de cinq îles; et se livrer aux idées mélancoliques, aux Châtelets, où la Briante coule dans une vallée profonde.

La ville fit planter, en 1692, sur les fossés entre le faubourg de Saint-Blaise et celui de Lancrel, deux avenues d'ormeaux pour en faire une promenade, à laquelle on donna le nom de *Cours*.

En 1758, M. Lallemant de Levignen, intendant, qui a fait toutes sortes de biens à Alençon, qui a ouvert les grandes routes, élevé la pyramide Saint-Blaise, bâti l'hôpital-général, l'ancien hôtel-de-ville, construit le beau chœur de Notre-Dame et le magnifique baldaquin qui couvre l'autel; embellit aussi le Cours et fit planter des tilleuls à la place des ormeaux qui dépérissaient. M. de Levignen est mort à Alençon en 1767, et inhumé dans la chapelle de la Charité. On a oublié le plus illustre bienfaiteur de la ville, et on a effacé jusqu'à son épitaphe.

L'emplacement de ces promenades n'était ni spacieux ni commode, et on vient d'en former une des plus belles rues d'Alençon, avec des trottoirs.

La ville, ayant à sa disposition l'ancien parc du château, pouvait ouvrir une magnifique promenade dans la rue de Bretagne, en écartant un peu la bâtisse, et formant de chaque côté de la route une avenue, qui aurait eu de longueur 4 hectomètres (205 toises). Les promeneurs auraient joui d'un beau coup d'œil, et du mouvement des voitures et des voyageurs.... La plus belle rue, aujourd'hui déserte et triste, serait devenue vivante et animée.

On s'est renfermé dans une espèce de jardin, qui n'a de longueur que 2 hectomètres 88 mètres (148 toises), de largeur que 1 hectomètre 60 mètres (82 toises), et où l'on ne jouit d'aucune vue. Les ormeaux qu'on y a plantés en 1784 se ressentent de la petitesse du local. On les empêche d'élever une belle tige en les taillant en éventail. Quelques-uns périssent sous le ciseau, d'autres présentent un air chétif et rabougri. Dans le pays du plus beau sable, du sable brillant de *mica*, on n'a pas daigné sabler la plus belle des allées, et l'on s'y promène dans la boue dès qu'il a tombé un peu de pluie.

On ne peut pas toujours jouir de la promenade, sur-tout pendant l'hiver. Les personnes fatiguées du travail et de la méditation, celles qui sont habituellement désœuvrées, trouvent dans les spectacles une récréation, souvent nécessaire, toujours honnête, qui répand quelques agrémens sur les épines de la vie. Il y avait à Alençon une salle de spectacles, que le propriétaire a jugé à propos de supprimer. On vient de publier un projet pour en bâtir une nouvelle, par le moyen d'une souscription en tontine. Ce projet, imprimé chez M. Malassis le jeune, est signé par M. Savary, maire, *qui l'approuve seulement en ce qui concerne sa publication.* La question de l'avantage ou du danger des spectacles pour une petite ville, cette question, vivement agitée par d'Alembert et Rousseau, reste encore indécise, et je me donnerai bien de garde de la discuter; mais il paraît que Rousseau, en écrivant contre les spectacles, était emporté par une imagination ardente qui le dominait toujours; et que d'Alembert, en écrivant en leur faveur, était toujours guidé par les lumières d'un sens droit et par la sagesse de la raison.

CHAPITRE VII.

Anciens établissemens religieux.

Comme la ville d'Alençon n'est pas fort ancienne; on n'y a point fondé de riches abbayes de Bénédictins. Il paraît qu'il n'y a jamais eu que trois petits prieurés de cet ordre; le prieuré de Notre-Dame, celui de Saint-Martin et celui de Saint-Ysige. Le prieur, ou le plus ancien, célébrait les saints mystères, les jours du soleil ou du dimanche.

Ce ne fut que dans le dix-septième siècle que la plupart des communautés religieuses furent établies; et sur sept communautés, il y en avait six de femmes, et une seule d'hommes, les pauvres Capucins. Je ne compte point les Jésuites, qui n'ont jamais voulu convenir qu'ils fussent des religieux.

La plus ancienne communauté était celle des Clairettes, fondée par Marguerite de Lorraine dans l'île de Jaglolay. Onze religieuses de l'*Ave Maria* de Paris prirent possession du couvent en 1501. Elles avaient un père cordelier pour les diriger, et quatre frères quêteurs pour les nourrir. On voyait dans leur temple le tombeau de François Fouquet, archevêque de Narbonne, frère de l'infortuné Nicolas; et celui de la célèbre Amée de la Fayette, qui avait élevé dans le temple de Lonray un tombeau à son mari, et manifesté, dans l'inscription qui existe encore, l'envie d'être inhumée à ses côtés.

Les Capucins n'étaient pas très-difficiles à fonder. M. de Lepinay fournit dans le faubourg de Saint-Blaise un emplacement où ils s'établirent en 1626. Le père Esprit de Bosroger, auteur de *l'Histoire de la possession des religieuses de Louviers*, qui annonce bien de la crédulité, en a été le premier gardien. En 1714, les Capucins tinrent leur chapitre général à Alençon. Jean Léopold, leur général, y vint avec cent dix Capucins. Avant d'entrer dans le couvent, il baisa les pieds des religieux; il ne mangeait que trois onces de pain par jour, et ne dormait que deux heures. Le cœur de François Desmoulins, seigneur de Lille, repose dans le temple, et on lisait dans l'épitaphe, *que Saint François avait reçu son ame dans le ciel;*

ce qui est un peu fort. La maison des Capucins sert aujourd'hui de caserne, et le temple, d'écurie.

Deux curés d'Alençon, Salomon Tuandière et Julien Pasquier, ont fondé la communauté des filles de Notre-Dame, de l'ordre de Saint Benoit, pour instruire les jeunes filles. Trois religieuses et une converse de la Flèche furent installées en 1628. La ville va faire construire une halle sur l'emplacement de cette communauté.

Deux veuves, Geneviève de Flotté et Marie Dauvet, ont fondé l'abbaye des Bénédictines de Monsort. La première donna douze mille livres, à condition que Renée de Vansay, sa belle-sœur, serait supérieure de la maison. La seconde donna dix-huit mille livres, à condition que ses deux filles, qui demeuraient dans l'abbaye de la Trinité de Caen, demeureraient dans celle de Monsort. Quelques rigoristes ont prétendu que ces actes étaient un peu simoniaques. L'évêque du Mans n'en approuva pas moins la fondation en 1638. On prépare aujourd'hui les bâtimens de l'abbaye pour y établir une manufacture de basin ; et on lit encore sur la cheminée de la cuisine : *Renée de Vansay, première abbesse*.

Il n'est point de besoin d'aller à Lorette pour voir la chapelle de la Sainte Vierge, transportée par les anges de la Palestine en Dalmatie, et de la Dalmatie en Italie. On peut voir, près de l'ancienne maison des Bénédictines, une chapelle, bâtie en 1700, sur le même modèle, par Louis Sevin, bachelier de Sorbonne, qui a fait pratiquer sous la sacristie un caveau pour lui servir de sépulture et à sa famille, et dans lequel on vient de déposer le corps de M. l'abbé Sevin, son parent.

La ville ayant voulu renfermer dans son sein des religieuses de la Visitation, il en vint plusieurs s'y établir en 1659, d'abord rue du Mans, et ensuite place des Poulies. La maison des Visitandines, dont Gresset a immortalisé *les petits soins*, *les attentions fines*, va bien changer de destination. Le gouvernement emploie une somme de vingt-six mille francs pour l'embellir, et en faire la maison sénatoriale de M. Rœderer.

Mademoiselle de Farcy rassembla quelques filles, nouvellement converties, et commença l'établissement des Nouvelles-Catholiques, que l'évêque de Seès approuva, et que le roi autorisa par ses lettres-patentes de l'an 1679. Madame de Bridière, supérieure de cette maison, obtint sur les biens du consistoire d'Alençon, qui n'avaient certainement point été donnés pour cela, une somme de dix mille livres, qui servit à bâtir une maison, rue des Granges, occupée aujourd'hui par la gendarmerie.

Pierre Bélard, curé d'Alençon, fonda en 1722 les dames de la Providence, pour apprendre aux filles à travailler. Ces dames continuent de remplir avec zèle les devoirs de leur institution, ainsi que les sœurs de la Charité à l'hospice.

Mademoiselle Rose des Chapelles travailla pendant long-tems pour obtenir l'établissement d'un couvent de Carmelites à Alençon. Cinq religieuses professes et une converse furent installées en 1779. Le dernier duc d'Alençon et son épouse s'en déclarèrent les fondateurs.

Les Protestans ont aussi eu à Alençon des établissemens religieux. Les principaux habitans ayant adopté la réforme, à l'exemple du curé, du vicaire et de la plupart des prêtres, tinrent leurs assemblées dans différens endroits, à Saint-Blaise, à la porte de Seès, dans le parc et sous les halles, où les femmes prêchaient comme les hommes; ensuite ils firent élever un temple dans une rue qui en prit le nom, qu'elle porte encore.

Les Protestans ont tenu à Alençon plusieurs synodes, tant nationaux que particuliers, depuis l'an 1597 jusqu'en l'an 1671. J'ai vu un très-gros recueil d'actes de ces différens synodes; mais je n'entrerai dans aucun détail à cet égard.

Un arrêt du conseil ayant ordonné la démolition de leur temple, les Protestans en firent bâtir un très-beau, en 1665, dans le faubourg de Lancrel; mais ce n'était pas bien la peine. Vingt ans après, à la révocation de l'édit de Nantes, le temple fut démoli, et les matériaux furent donnés à l'Hôtel-Dieu. Presque tous les Protestans se retirèrent dans les pays étrangers, et ceux qui restèrent furent singulièrement persécutés. Quillet, Cardel, Dornant, Gillot, Leconte, Gilbert et Rouillon furent mis en prison. Pierre Alix fut condamné aux galères, et le corps d'un autre Protestant fut traîné sur la claie.

CHAPITRE VIII.

Temple de Notre-Dame.

Le mot *église*, pris pour temple, présente une équivoque dont le peuple abuse facilement. Pendant la révolution, bien des personnes ont cru que les prêtres non sermentés n'étaient plus dans l'église, parce qu'ils n'officiaient pas dans les temples ; et elles ne suivaient les prêtres assermentés que parce qu'ils officiaient dans *l'église, hors laquelle point de salut.*

Le temple de Notre-Dame, élevé sur les ruines de la chapelle du prieuré du même nom, est incontestablement le plus beau de la ville. Le portail est un ouvrage gothique, qui frappe par sa hardiesse et par sa légéreté, et il est bien dommage que la belle rue du Bercail ne soit point en face. Ce portail consiste en deux petites tours et en trois arcades, très-délicatement travaillées, dont les couronnemens en pyramides sont percés à jour, et découpés comme du papier. Au-dessus de l'arcade du milieu, on voit sept figures assez grossièrement sculptées et encore plus mal groupées, qui paraissent représenter la transfiguration. Un des apôtres tourne le dos au spectateur ; Jésus-Christ le tourne à son père, et a les deux pieds en l'air, sans l'apparence du plus léger appui. Les sculpteurs grecs, plus habiles, n'auraient pas manqué de représenter un nuage pour le soutenir.

La nef, qui a de longueur 31 mètres (16 toises), de largeur 9 mètres (5 toises), et de hauteur 19 mètres (10 toises), est un ouvrage du quatorzième siècle, et très-chargé d'ornemens gothiques. On voit courir sous la voûte différens animaux qui ne sont point dans la nature.

Les bas-côtés, qui n'ont de largeur que 4 mètres 5 décimètres (2 toises 2 pieds), et de hauteur 7 mètres 8 décimètres (4 toises), ne répondent point du tout au milieu. Tous les vitraux de la nef sont en très-beau verre coloré. Ceux à gauche, en entrant, sont relatifs à différens traits de l'histoire sainte. On y voit la formation du premier homme, et son bannissement du paradis terrestre. Entre ceux qui sont à droite on distingue le second et le troisième. On voit dans le second un grand nombre de personnages parfaitement représentés, qu'on laisse pour admirer des arcades, des espèces de vitraux formant un enfoncement, et qui produisent les illusions de perspective les plus frappantes. Dans le troisième, on voit la famille de Pierre II devant une Notre-Dame de Pitié. Tous ceux qui viennent dans le temple adorer un Dieu crucifié, devraient bien jeter un coup d'œil sur les personnages de ce charmant tableau, sur-tout sur les figures du Christ et de la comtesse.

Le chœur, qui a de longueur 17 mètres (8 toises 4 pieds quelques pouces), autant de hauteur, et de largeur 9 mètres (4 toises 3 pieds 8 pouces), est un ouvrage très-moderne, sans sculpture, sans ornemens, et qui contraste singulièrement avec la nef; il répand une si grande clarté dans tout l'édifice, qu'il lui a ôté cette teinte sombre qui convient si bien à un lieu de prière, qui rappelle les temples des Anciens, qui n'avaient point de fenêtres, et qui représente les souterrains où les premiers Chrétiens célébraient leurs mystères.

L'autel à la romaine est surmonté d'un superbe baldaquin, soutenu par quatre colonnes de marbre. On y a représenté une Assomption; mais le nuage qui porte la Vierge est très-pesant; et la Vierge, quoique légère, avec ses bras roidement étendus, a plus l'air de s'appesantir sur son nuage, que de s'élever pour se précipiter dans les rayons qui sont au-dessus. La Sainte Vierge a encore dans ce temple une très-belle chapelle, et ses images étaient très-multipliées dans la ville. Il y en avait sur les cinq portes, dans tous les carrefours, et au-dessus des portes de la plupart des habitans. A la place d'images de la Vierge, les religieux de la seigneurie, qui avaient tous des maisons à Alençon, où ils se retiraient en tems de guerre, avaient sur leurs portes des figures de la croix, qui est le symbole des Chrétiens, mais qui est plus ancienne que le christianisme, et qui annonçait que les religieux s'appliquaient aux sciences, comme les prêtres égyptiens et celtiques, et qu'ils étaient exempts d'aller à la guerre et de payer es impôts.

Les chapelles du temple de Notre-Dame ne sont pas très-bien décorées. On voit dans une un calvaire qui serait peut-être mieux à sa place en plein air. La tête du Christ mourant est fort bonne ; mais le reste ne répond pas.

La chaire est fort belle et très-joliment décorée. On y arrive par un escalier pratiqué dans un pilier, et on a gravé, au-dessus de la porte, le texte de l'évangile assez mal appliqué : *Qui intrat per ostium in ovile....* Les plus célèbres prédicateurs des Jésuites ont monté dans cette chaire. On y a entendu Bourdaloue, Larue, Menestrier, Daubenton, Cathalan, Dufay, Ingoult, Chapelain, Couvrigny, la Neuville.... En 1756, le père d'Embrin y débita très-impunément un discours très-séditieux contre les parlemens ; mais, quelque tems après, ayant répété le même discours à Rennes, il fut poursuivi, obligé de se sauver, et pendu en effigie.

Il y avait dans ce temple au moins douze confréries, desservies par un grand nombre de chapelains ; celle de Sainte-Croix est une des plus anciennes ; elle doit son origine à une portion de la vraie croix, qu'on dit avoir été apportée de Constantinople par Yves de Bellême, évêque de Seès. M. Desnos assure dans ses mémoires *que M. Daguin, évêque de Seès, voulut constater, en 1703, l'authenticité de cette relique ; et qu'il résulte du procès-verbal qu'elle n'est point garnie de son authentique ; qu'elle est seulement honorée sous le nom de la Sainte-Croix, depuis plus de trois cents ans, par les Fidèles de la ville d'Alençon.*

Les habitans d'Alençon présentèrent, en 1616, une requête à M. le Camus, évêque de Seès, pour obtenir l'érection d'une confrérie de la Charité dans l'église de Notre-Dame. M. l'évêque y consentit, et le pape Paul V accorda à cette confrérie des indulgences plénières à perpétuité. Voici quelques articles des statuts : *Il y aura treize frères servans, pieux, dévotieux..... point lépreux... Deux clercs qui seront corrigés par les frères, s'ils sont désobéissans... Seront les frères chaussés de chausses... Si un frère va en pèlerinage à Rome, ou à Saint-Jacques en Galice, sera convoyé jusqu'au bout du faubourg avec croix et bannière.... Si une sœur en gésine a besoin et requiert ladite Charité lui subvenir en ladite gésine, aura par semaine la somme de deux sols... Si un frère blasphème et se donne au diable, baisera la croix et paiera quinze sols.*

Je ne parlerai point des autres confréries. M. Desnos remarque que, le jour de la fête de la confrérie de Saint-Nicolas, on choisissait anciennement un enfant de la ville qu'on habillait en évêque, *et qu'il se faisait vraisemblablement bien des extravagances.*

L'office se fait aujourd'hui d'une manière qui répond bien à la dignité de la religion. Il est seulement fâcheux qu'une partie du peuple ne soit point assez instruite de la signification mystérieuse de nos cérémonies, du feu, de l'eau, du pain, du vin qu'on offre en sacrifice; des cierges qu'on allume à l'autel, de ceux qui accompagnent le célébrant, de son aube et de son étole.

Le savant Liger, prédicateur du dernier jubilé, a eu tort de blâmer, dans un écrit qui vient de paraître, l'usage de cette église de ne communier les Fidèles qu'après la grand-messe des dimanches et fêtes. La communion des Fidèles avec le prêtre serait peut-être plus conforme à l'esprit de la cérémonie et aux premiers tems de l'église; mais il faut avouer aussi que cette cérémonie, dans le tems de pâques sur-tout, alongerait beaucoup l'office déjà fort long, et deviendrait plus ennuyeuse qu'elle ne serait édifiante.

C'est dans le temple de Notre-Dame qu'on a toujours célébré les grands événemens qui intéressent l'état. Le 15 août dernier, anniversaire de la naissance de Napoléon, Empereur des Français et Roi d'Italie, on y a chanté un *Te Deum*, auquel ont assisté le clergé de Saint-Léonard, celui de Monsort, celui de l'hospice, le sénateur, le préfet, les conseillers de préfecture, la cour criminelle, les tribunaux, l'hôtel-de-ville, le général et tous les fonctionnaires publics. Le soir, le sénateur a donné un grand souper à cette occasion; et les élèves de l'école secondaire communale ont donné, sur la place Bonaparte, un feu d'artifice, à l'honneur de Napoléon, protecteur des sciences.

CHAPITRE IX.

Temple de Saint Léonard.

Le temple de Saint Léonard, élevé sur les ruines de la chapelle du prieuré de Saint Martin, qui n'était desservi que par un vicaire, l'est aujourd'hui par un curé. Il avait beaucoup souffert de nos troubles révolutionnaires; mais il est aujourd'hui fort joliment décoré.

On voit au haut du chœur deux anges, qui soulèvent un rideau pour montrer le cadran, surmonté d'un sablier et de différens attributs funèbres. L'embonpoint des anges, singulièrement joufflus, contraste un peu trop avec le squelette de la mort et tous ses emblèmes.

On voit, dans une des chapelles, Saint Léonard chargé de liens. M. Desnos insinue que ce temple fut dédié d'abord à Saint Léonard de Vandœuvre sur la Sarthe, qu'on a changé pour Saint Léonard de Noblac, dit le Noblet, dont l'histoire a été écrite par un anonyme.

Il y avait, en 1557, un jeu d'orgues dans ce temple, comme il paraît par cette quittance... *A maître Gatian, organiste en icelle église de Saint Léonard, payé pour ses gages la somme de six livres tournois par an, pour jouer les orgues de ladite église, chaque jour des dimanches et fêtes de l'année.*

En 1562, lorsque les Protestans étaient les maîtres de la ville, le clergé de Notre-Dame n'osa faire la procession dans les rues avec le Saint-Sacrement. Les bouchers, armés de leurs haches, de leurs longs couteaux, et suivis de leurs chiens, ayant à leur tête un seigneur de Malèfre, l'épée nue, forcèrent Robert Collet, vicaire de Saint Léonard, de faire la procession dans les rues, suivant l'usage. Depuis ce tems les bouchers, ainsi armés, avaient toujours accompagné le Saint-Sacrement, qui n'est plus aujourd'hui entouré de ce sanglant cortége, peu conforme à l'esprit de la religion chrétienne.

Orphelin-Chanfailli, clerc de Saint Léonard, a fait imprimer, sous le titre d'*Antiquaire de la ville d'Alençon*, un petit ouvrage, sur les droits de l'église de Saint Léonard, de 56 pages in-16. Il paraît que le clergé de Saint Léonard était très-nombreux. Il y avait quatorze prêtres dans la seule confrérie de Toussaint, qui chantaient la messe tous les jours; et tous les dimanches, matines et laudes : « Mais, dit Chanfailli, depuis
» quatre ans en çà, est arrivé le sieur Pierre
» Chenart, prêtre, lequel se voyant pourvu
» de la cure Notre-Dame d'Alençon, a été
» assez osé que d'attenter à l'expulsion du clergé
» de ladite église...., et a fait cesser le service
» divin des matines et laudes......, et l'office
» canonial pendant l'octave de la fête du Saint-
» Sacrement. Ce qu'il a pareillement fait dans
» l'église de Notre-Dame d'Alençon, dont il est
» arrivé grand scandale dans la ville d'Alençon.

» Le peuple a été si scandalisé, qu'on ne regarde
» ledit sieur Chenart qu'avec chagrin et mépris...
» Et ledit sieur Chenart a vérifié dans sa personne
» les paroles du prophète roi ». *Dixerunt in corde suo : Quiescere faciamus omnes dies festos Dei à terrâ.*

CHAPITRE X.

Temple de Saint Pierre de Monsort.

Si l'église de Saint Pierre de Monsort a été fondée par Saint Liboire, quatrième évêque du Mans, dans le quatrième siècle ; si elle est une des plus anciennes de la ville, le temple n'est pas d'une très-haute antiquité. Il ressemble parfaitement à un temple de Capucins ; sombre, bas, étroit, il n'a rien de mémorable dans sa structure.

Ce temple avait pour ainsi dire perdu sa forme pendant la révolution ; mais aujourd'hui il est très-joliment décoré. Les images des Saints y sont très-multipliées, extrêmement fraîches, propres et enrichies de dorure. Elles sont beaucoup plus brillantes qu'avant la révolution.

Le tableau du principal autel représente Saint Michel qui terrasse le diable. La tête du guerrier céleste est choquante par sa petitesse, et forme un contraste frappant avec Saint Paul qui est à côté, assez maussadement sculpté, dont la tête prodigieusement grosse, et le regard très-dur, n'annoncent pas l'apôtre des nations, qui savait si bien se faire tout à tous.

En 1535, Benoît Picher commit, dit-on, un sacrilége dans ce temple. Les juges furent très-expéditifs. Dans quatre jours le procès fut fait et parfait, et le pauvre fou fut pendu devant la porte du temple. Son bras resta attaché à la potence, et ses biens furent confisqués, comme de raison.

Autrefois on enterrait sur les chemins. C'était en même tems une consolation pour les mourans, et une leçon pour les vivans. Le cimetière des trois paroisses d'Alençon est très-bien placé entre les routes de Paris et de Seès ; mais on n'a mis aucun emblême funèbre sur la porte, et les morts reposent en paix, sans que rien les rappelle au souvenir des passans (*).

CHAPITRE XI.

Hospice.

L'HOSPICE et l'hôpital sont réunis sous la même administration. L'hôpital d'Alençon est fort ancien. Saint Louis, ce prince qui a tant honoré l'humanité, en est le principal fondateur, comme il l'est de beaucoup d'autres hôpitaux. Il confirma, par sa charte du mois de mai 1256, le chauffage de l'Hôtel-Dieu, que Pierre II fixa, en 1373, à cent quatre charretées de bois, tirées par quatre

---

(*) *Vois-tu*, dit Mercure dans Lucien, *à l'entrée des villes, ces colonnes, ces pyramides ? C'est là qu'ils déposent les morts, qu'ils renferment leurs cadavres.*

chevaux, ou six bœufs ; ce qui n'est guère proportionné. L'hôpital ne jouit plus de ce droit.

L'Hôtel-Dieu fut d'abord établi à Monsort, sur l'emplacement du Champ-de-l'Egalité, dans le meilleur air de la ville ; mais, en 1358, Jean Boullet, capitaine du château d'Alençon, craignant que les Anglais ne s'y logeassent, en fit raser tous les bâtimens. On en éleva de nouveaux sur la rive gauche de la rivière, dans un local beaucoup moins sain ; mais plus à proximité des eaux.

Dans toutes les commotions politiques, on devrait toujours respecter la maison des pauvres, qui doit être un objet sacré pour tous les partis. Les Protestans ne respectèrent point l'Hôtel-Dieu ; et, en 1562, ils en enlevèrent tous les titres et les meubles les plus précieux.

Madame de Guise, duchesse d'Alençon, doit être regardée comme la principale fondatrice de l'Hôtel-Dieu ; elle y fit beaucoup de bien, en changea totalement l'administration, et donna à la maison les réglemens les plus utiles.

L'Hôpital-Général ayant été réuni à l'Hôtel-Dieu, M. Lallemant de Levignen, intendant d'Alençon, fit élever de nouveaux bâtimens, dont l'apparence n'est certainement pas magnifique ; mais dont les appartemens sont bien distribués. Les abords de la maison sont très-désagréables. On a mis sur la principale porte une statue de Saint Jean l'évangeliste, en contemplation, dont l'attitude n'est guère naturelle, et paraît bien forcée. La plus grande propreté règne dans les salles. Tout y est placé par la main des graces, ou des *Charites* ; nom qui convient si bien aux sœurs de la Charité. La salle qui renferme la pharmacie est un bijou, et les boîtes qui contiennent les drogues dégoûtantes sont des *bonbonnières.*

La chapelle, consacrée sous l'invocation de Saint Jean et de Saint Louis, est remplie d'objets de commisération, *de Notre-Dames de Pitié.* Un des principaux tableaux représente le bon Saint Vincent de Paul, qui envoie deux sœurs de la Charité soulager l'humanité souffrante, et qui leur donne sa bénédiction. Les sœurs sont à genoux. On est tenté de s'y mettre aussi, et de recevoir une part de la bénédiction du père des pauvres, qui leur a fait un si beau présent, en leur donnant ces bonnes filles.

Ce sont elles qui ont le soin des pauvres et des malades, et on sait comme elles s'en acquittent. L'Empereur leur a donné sa mère pour protectrice, et leur a permis de reprendre leur ancien costume, qui les rend encore plus touchantes et plus vénérables. La mère de l'Empereur vient de faire écrire à M. l'évêque d'Arras, par M. Jauffret, vicaire général de la grande aumônerie; *qu'elle s'estimera toujours heureuse de pouvoir servir la cause des sœurs de la Charité, parce qu'elle n'ignore pas que c'est en même tems servir celle des malheureux et des pauvres; qu'après sa qualité de mère, il n'en est point de plus chère à son cœur que celle de protectrice des servantes des pauvres.*

On peut placer, parmi les maisons de charité, Bicêtre, construit en 1781, sous le nom de

Dépôt de mendicité. Cette maison, bâtie sur un plan très-régulier, sert aujourd'hui de maison de correction et de détention. Les fautes les plus légères, l'imprudence, s'y trouvent souvent placées à côté du crime et de la scélératesse.

CHAPITRE XII.

Etablissemens civils.

JE comprends dans ce chapitre l'hôtel de ville, les justices de paix, le tribunal de première instance, la cour criminelle, le tribunal de commerce, la gendarmerie et l'administration forestière.

Les anciens échevins d'Alençon prenaient le titre de gouverneurs de la ville. Louis XI établit une mairie à Alençon, et l'hôtel de ville était sur la place du Palais ; mais on en a élevé un nouveau sur l'emplacement de l'ancien château, dont la première pierre fut posée le 29 septembre 1783.

Ce superbe bâtiment, en arc de cercle, présente un beau coup d'œil lorsqu'on entre sur la place. Sa position isolée lui donne un air léger, quoiqu'il soit un peu massif. Il est couronné par une statue de la liberté, qu'on a représentée assise, et dans une attitude un peu gênée.

Les trois petites portes ne répondent point à la majesté ni à la destination de l'édifice. En entrant on cherche l'escalier, qui a été jeté à côté, et qui conduit à une belle salle, qui n'est pas très-bien décorée.

On

On a tellement pris à tâche, pendant la révolution, d'effacer toutes les armoiries, qu'il n'est point superflu de rappeler à la ville d'Alençon qu'elle portait, *de sinople, à l'aigle éployé d'or*.

Il y avait à Alençon une cour souveraine, sous le nom d'échiquier, qui tenait ses séances tantôt à Alençon, tantôt à Argentan. En 1576, l'abbé de Saint-Martin de Seès dit la messe du Saint-Esprit dans l'église de Notre-Dame, suivant l'usage, quoique l'évêque de Seès fût présent; et M. Marion, avocat du roi, fit un discours d'ouverture qui est un morceau curieux. C'est une dissertation métaphysique sur nos facultés intellectuelles, qui commence ainsi : *M. Marion a dit que nous devons louer Dieu de la paix que nous voyons en France... Le livre de Job dit : Militia est vita hominis super terram. Platon se sert de ce passage, et dit que chacun de nous, soi-même contre soi-même, est en guerre perpétuelle... Cela procède de la constitution de notre essence, l'une intellectuelle, l'autre sensuelle... La dispute a été grande entre les Anciens, s'il y a deux ou trois facultés en notre ame. Après plusieurs grandes contestations ès écoles, la plus ferme résolution a été qu'en notre ame il y a trois facultés... La raison assise au cerveau, qui est la source des nerfs... L'ire, qui a son siége au contraire où est l'origine des artères. La concupiscence, qui est plantée au foie...* Il continue ainsi jusqu'au bout cette intéressante dissertation.

Outre l'échiquier, Alençon avait un grand bailliage, dont le grand bailli, ou son lieutenant, avait droit de siéger deux fois par an dans les bailliages de son ressort, et d'y tenir les assises mercuriales. Henri II avait aussi érigé un présidial à Alençon, en 1552. Alençon jouit aujourd'hui de deux justices de paix, d'un tribunal de première instance et d'une cour criminelle.

Ces tribunaux siégent dans un ancien pavillon, servant jadis de porte au château. L'escalier qui conduit aux différentes salles est très-commode. La salle du tribunal de première instance est petite, et proportionnée à l'arrondissement, qui n'est pas très-étendu. La salle criminelle est beaucoup plus grande. On voit dans le fond un tableau, représentant la justice, qui tient le glaive et la balance, et à laquelle le peintre a peut-être donné un peu trop d'embonpoint.

Alençon, qui avait eu une généralité, établie en 1636, et une administration départementale, méritait bien d'avoir une préfecture.

L'hôtel de la préfecture est magnifique; c'est l'ancien palais, bâti par madame de Guise, duchesse d'Alençon. Ce palais, qui suffisait pour loger la fille de Gaston d'Orléans et sa cour, ne suffisait pas pour loger l'intendant et ses bureaux. M. Jullien l'a beaucoup augmenté et embelli. Les jardins sont très-beaux. On jouit de la vue de la campagne, agréablement terminée par le coteau d'Ecouves, à 1 myriamètre (5132 toises) de distance.

Il y avait à Alençon une juridiction consulaire, établie depuis plus de cent ans, pour juger les différens qui naissent entre les négocians pour fait de commerce. Il y a encore aujourd'hui un tribunal de commerce.

Il y avait depuis long-tems à Alençon des prévôts de la maréchaussée, lorsque Louis XV y établit, en 1720, un prévôt général. Le même corps existe aujourd'hui sous le nom de gendarmerie, dont le chef réside à Alençon.

Les bois dépendant de l'ancienne maîtrise d'Alençon contenaient 20851 arpens $\frac{3}{4}$, d'après le procès-verbal de M. de Marle, de l'an 1666; et il y a toujours eu à Alençon, pour la conservation et administration de ces bois, un officier principal, sous les différentes dénominations de forestier, verdier, enquêteur, réformateur, maître particulier. Il y a aujourd'hui un inspecteur.

CHAPITRE XIII.

Hommes de lettres.

IL est étonnant que ce soit un général romain, César, qui nous ait donné les premiers et les seuls renseignemens que nous ayons sur les habitans de ce pays. Il paraît qu'ils s'appelaient Diablites, qu'ils étaient une branche des Aulerces, lesquels étaient une branche de la grande nation celtique.

Les Celtes, sur-tout les prêtres, nommés Druides, étaient très-versés dans toutes sortes de connaissances. Il paraît prouvé, par l'histoire de l'ancienne astronomie, que des observations faites au 49.e degré de latitude boréale, ne pouvaient appartenir qu'à cette nation.

Il paraît aussi que les langues grecque et latine dérivent de la langue celtique, parce qu'il y a un très-grand rapport entre toutes ces langues; et que la langue celtique étant la plus monosyllabique de toutes, il est probable qu'elle est plutôt la mère des autres que leur fille.

Quoi qu'il en soit, les Celtes n'ont laissé dans les sciences et les arts aucuns monumens qui attestent leurs connaissances. On ne trouve que quelques pierres brutes et quelques monticules, qui paraissent leur appartenir. On voit, dans la paroisse de Fontaine, près de Trun, une pierre brute, soutenue sur quatre piliers, qui servait surement d'autel; et dans celle de Fresnay-le-Buffard, un monticule, qui paraît être un tombeau.

Je ne parle point des inscriptions trouvées sur le bord d'une fontaine, dans la forêt de Bellême, qui indiquent qu'il y avait dans cet endroit un temple, ou au moins un autel dédié à Vénus, Mars et Mercure. *Veneri, Marti et Mercurio sacrum.* Ces inscriptions appartiennent aux Romains, qui, comme les autres peuples, personnifiaient tous les êtres de la nature. *Vénus* représentait les productions de la terre; *Mars*, la manière de les défendre; et *Mercure*, les échanges qu'on en faisait.

Les Celtes Diablites, habitans de ce pays, n'ont absolument laissé aucuns monumens. D'ailleurs la ville d'Alençon n'est pas fort ancienne; et, quoiqu'il y ait beaucoup d'apparence qu'on eût jeté très-anciennement des ponts sur les deux branches de la Sarthe, formées par l'île du Boulevard, pour faire communiquer les deux rives, et qu'il y eût quelques habitations aux environs ; il est certain que la ville ne s'est formée que depuis que les ducs de Normandie eurent donné aux seigneurs de Bellême·cet emplacement pour défendre la Normandie du côté du Maine et de la Bretagne. En conséquence ces seigneurs firent bâtir un château à l'embouchure de la Briante, et faisaient le service de l'*ost* avec cent onze chevaliers qui les accompagnaient.

Différentes habitations s'élevèrent aux environs du château, la ville s'accrut peu-à-peu, et est devenue une ville du troisième ordre de l'ancienne Normandie, qui n'a pas produit d'hommes de lettres marquans, comme Rouen qui a produit Pierre Corneille et Fontenelle, et Caen qui a produit Jean Marot et Malherbe ; mais qui a produit un très-grand nombre d'écrivains dans tous les genres, que je rangerai sous les classes de poëtes, auteurs mystiques, auteurs polémiques, historiens et romanciers.

CHAPITRE XIV.

Poëtes.

LA ville d'Alençon a produit et inspiré un grand nombre de poëtes : JEAN III, duc d'Alençon ; Guillaume LE ROUILLÉ, Pierre LE HAYER-DU-PERRON, BOUVET, Jean DUVAL, Pierre CORNEILLE-BLESSEBOIS, Pierre-François CHOINE, N. BOULLEMER-DE-SAINT-CALAIS, et N. LE FEBVRE, curé de Grandchamps.

Jean III, duc d'Alençon, a fait plusieurs pièces de vers qui n'ont point été imprimées, et qui se trouvent dans le manuscrit des poësies de Charles, duc d'Orléans.

Guillaume LE ROUILLÉ, né à Alençon en 1494, a fait un *commentaire sur la coutume de Normandie*, et plusieurs pièces de vers, dont une est intitulée : *Les Rossignols du parc d'Alençon*.

Pierre LE HAYER-DU-PERRON, né à Alençon en 1603, est le plus célèbre et le plus fécond de tous les poëtes d'Alençon. Il est auteur, 1.° d'un poëme, à la gloire de Louis XIII, divisé en 9 livres, qui a pour titre : *Les Palmes du juste*, et qui lui valut des lettres de noblesse; 2.° d'un poëme, adressé aux Visitandines d'Alençon, qui n'est pas aussi connu que *Vert-Vert*; 3.° d'un poëme, à la louange de M. le duc de Montansier, de plus de quatre mille vers, qui n'a point été imprimé. La poësie n'est pas remplie d'images; mais les vers sont assez coulans. Je n'en cite qu'un, que j'ai pris pour épigraphe.

BOUVET, né à Alençon, a fait, à la louange de madame la marquise de Saint-Aignan, la *Métamorphose de Daphné en laurier*, et une *Ode à Cloris*. L'Amour en fit un mauvais poëte, dit M. Desnos. Voici quatre vers de son ode, qui ne sont point si mauvais :

> Vénus ne fut jamais si belle ;
> Et si le beau juge Paris
> Eût vu les charmes de Cloris,
> La pomme aurait été pour elle.

Jean DUVAL, né à Alençon, a fait deux ouvrages

en vers. L'un a pour titre : *Soupirs français sur la paix italienne*; l'autre: *Le Calvaire profane*. Si ces ouvrages procurèrent quelque gloire à leur auteur, ils ne lui procurèrent pas de pain; car il mourut de misère à Paris en 1680. Le pauvre Malfilâtre de Caen, auteur du poëme de *Narcisse*, est mort de la même maladie.

Pierre Corneille-Blessebois, né à Alençon, est auteur de plusieurs pièces dramatiques, dont aucune n'est restée au théâtre, et de plusieurs petites pièces de vers un peu trop gaies : 1.° *Le Cabinet d'amour de Vénus*; 2.° *La Corneille de mademoiselle de Scay*; 3.° *La Pudeur éteinte*. M. Desnos lui attribue une pièce de vers manuscrite, qui a pour titre : *Les Aventures du parc d'Alençon*. Si les aventures sont réelles, il faut avouer que les mœurs se sont bien épurées à Alençon depuis ce tems-là.

   Le soleil. . . . .
   De ses rayons indiscrets
   Tâche d'éclairer les secrets
De ceux qui font l'amour dans ce mourant bocage.

Pierre-François Choine, né à Alençon en 1681, passe pour être l'auteur de la chanson d'un inconnu, en 64 couplets, contre le père Couvrigny, jésuite.

Cette chanson, extrêmement mordante, qui n'aurait jamais dû voir le jour, commence comme presque tous les cantiques qu'on chante sur les places publiques.

   Or, Écoutez, petits et grands.

N. Boullemer-de-Saint-Calais, né à Alençon, mort encore jeune, en 1758, se distingua chez les Jésuites par son talent pour la chaire et pour la poësie ; il est auteur de plusieurs pièces de vers latins, imprimées dans différens recueils.

N. LE FEBVRE, curé de Grandchamps, né à Alençon, où il est mort depuis peu de tems, a fait un grand nombre de vers latins, que sa profonde modestie ne lui a pas permis de publier ; il a aussi composé les inscriptions, gravées sur les plaques de cuivre, qui sont enfouies sous l'hôtel-de-ville, et qui ne sont pas prêtes de voir le jour.

Non seulement ce pays a produit un très-grand nombre de poëtes, il paraît même inspirer ceux qui n'y sont pas nés.

Le père LA SENTE, jésuite, a composé à Alençon un poëme latin, intitulé *Ferrum*. Voici comme son traducteur rend ce qu'il dit des forges des environs d'Alençon.

 . . . . On peut donner de ce métier terrible
 Dans Rasnes et dans Carrouges un exemple sensible.
 Joignons-y les fourneaux qui sont proche Alençon,
 Ils donneront de l'art une utile leçon.

M. Pierre LAIGNEAU-DURONCERAY, ancien membre du jury d'instruction publique, a fait imprimer, en 1804, un ouvrage, mêlé de prose et de vers, intitulé *Tablettes*....

M. Louis DUBOIS, ancien bibliothécaire de l'école centrale de l'Orne, qui a fait le traité *du pommier, du poirier et du cormier*, a composé plusieurs pièces de vers : 1.º *Voyage à Mortain*, vers et prose, an 1800 ; 2.º la *Délivrance de l'Italie*, ode imitée de V. Monti, an 1801 ; 3.º *Mabille d'Alençon*, an 1805, romance que l'auteur nomme *historique*.

M. Louis ROUILLÉ, professeur à l'école secondaire, a fait plusieurs pièces de vers, entr'autres une charmante allégorie sur les abeilles qui font leur nid dans le carquois de l'amour, an 1805.

Je ne dois point oublier Louis HÉBERT, imprimeur, né à Alençon, très-versé dans les langues grecque et latine, et qui est auteur de l'*Amaltheum poeticum*, imprimé en 1625, qui inspira le goût des vers et forma plusieurs poëtes d'Alençon.

CHAPITRE XV.

Auteurs mystiques.

PLUSIEURS auteurs d'Alençon se sont occupés de dévotion et de mysticité. On compte Pierre ALIX, Gabriël LE CONTE, Pierre D'ALENÇON, capucin; Madeleine DE CHAUVIGNY, Madeleine COURTIN, et DURAND.

Pierre ALIX, né à Alençon, fut ministre de l'église protestante, et fit un catéchisme pour l'instruction de son troupeau.

Gabriël LE CONTE, né à Alençon en 1617, se fit carme de Chaux, et traduisit de l'espagnol : 1.° *Maximes pernicieuses qui contredisent la perfection de l'état religieux;* 2.° *Exposition du cantique des cantiques, avec son application à l'ordre de la bienheureuse Vierge Marie de Montcarmel.*

Pierre d'ALENÇON, capucin, a fait un livre, qui a pour titre : *Mortification de l'homme intérieur pour devenir saint*, an 1625. L'auteur, qui écrivait comme il pensait, se consacra au service des pestiférés dans la ville de Maroc, où il mourut de la peste en 1629.

Madeleine de CHAUVIGNY n'a pas fait de livre; mais elle a fait un acte de dévotion singulière, en fondant dans le Canada, en 1639, une maison d'Ursulines pour l'instruction des *jeunes Sauvages*. L'histoire de la *Propagande* ne fournit pas beaucoup d'exemples semblables.

Madeleine COURTIN, née à Alençon, a composé, avec un prêtre que je ne nommerai pas, un livre, qui a pour titre : *Les Flammes sacrées*, imprimé à Alençon en 1761. On voit en tête une lettre adressée à *l'amour divin*. Suit une préface, dans laquelle les auteurs avertissent que cet ouvrage n'est fait ni pour *les philosophes* ni pour *les beaux esprits*; ils auraient pu ajouter, ni pour les personnes de bon sens. Ils donnent à l'amour divin autant de noms qu'il y a de jours dans l'année. Voici quelques-uns de ces *amours*, qui pourront paraître singuliers, et même un peu profanes : *Amour de latitude, amour centre, amour vaisseau, amour pilote, amour entreprenant, amour acquéreur, amour destructeur, amour enfant, amour aveugle, amour de volupté....*

Je mets DURAND, bénédictin, né à Alençon, dans la classe des auteurs de dévotion, non pour avoir fait des livres mystiques, mais parce qu'il a publié, 1.º les *Sermons nouveaux*, an 1776, 3 vol. in-12; 2.º *L'Année évangélique*, an 1780, 7 vol. in-12. Tous les sermons de Durand sont écrits d'un style très-brillant, et sont très-recherchés par nos élégans prédicateurs.

CHAPITRE XVI.
Auteurs polémiques.

JE comprends dans la classe des auteurs polémiques, tous ceux qui ont écrit sur des matières controversées, en quelque genre que ce soit. On en distingue un grand nombre à Alençon ; Guillaume D'ALENÇON, Pierre ALIX, Guillaume JOUENNE, Guillaume MARIGNIER, Jean LE NOIR, Grégoire MOREL, N. ROSLIN, N. HÉBERT, N. FARCY, Louis DE BOULLEMER, François-Michel FLEURI, DUFRICHE-VALAZÉ, N. VIELH, Jacques-René HÉBERT, Louis-Joseph BOURDON, M. LE CONTE-DE-LA-CREPINIÈRE, M. LE CONTE-DE-BETZ, M. DEMÉES, et M. DESNOS.

Guillaume D'ALENÇON, carme, reçu docteur en théologie en 1406, a fait un traité contre les hérétiques.

Pierre ALIX, né à Alençon en 1641, de Pierre Alix, auteur du catéchisme, est beaucoup plus célèbre que son père. A l'âge de vingt-neuf ans, il fut fait ministre de Charenton. A la révocation de l'édit de Nantes, la cour lui proposa de grands avantages, s'il voulait se faire catholique; il refusa tout, et passa en Angleterre. Ce ministre, très-zélé pour la réforme, fit plusieurs ouvrages pour la défendre. Il est auteur, 1.° de *Réflexions sur tous les livres de l'ancien et du nouveau testament;* 2.° de *la Clef de Saint Paul aux Romains*, et de beaucoup d'autres ouvrages. Il mourut à Londres en 1717.

Guillaume JOUENNE, conseiller de l'échiquier, né à Alençon, était un catholique très-zélé; il défendit l'église avec la plume et l'épée; il montait la garde dans les temples pour les préserver du pillage; et publia, en 1561, un ouvrage contre Théodore de Beze.

Guillaume MARIGNIER, né à Alençon en 1657, se fit prêtre, et devint confesseur de Port-Royal des Champs. Il a eu part à un très-grand nombre de savans ouvrages, sortis de cette maison, où il est mort, avec la réputation d'un homme simple, droit, et rempli du plus grand amour pour la vérité.

Jean LE NOIR, né à Alençon en 1622, est également célèbre par ses écrits et par ses malheurs. Il prêcha avec beaucoup de talent, fut nommé théologal de Seès, dénonça *le Chrétien champêtre*, composé par le supérieur du séminaire, dans lequel on trouve cette proposition : *Jésus-Christ est dans le Saint-Sacrement de l'autel, comme le poulet dans la coque de l'œuf*. Le théologal fut dénoncé à son tour comme Janséniste ; il publia pour sa défense plusieurs écrits très-vigoureux, qui le firent arrêter et traduire devant M. de la Reinie, lieutenant de police de Paris. On lui produisit ses écrits, et on lui demanda quels étaient ses complices. J'en ai trois, répondit-il ; *l'écriture sainte, les conciles, et les canons*. Le 24 avril 1684, il fut condamné *aux galères à perpétuité, et à faire amende honorable devant l'église métropolitaine de Paris*. Cet honnête homme, peut-être un peu trop vif dans ses écrits, fut traîné comme un scélérat, nus pieds, nues jambes, la torche au poing, la corde au cou, devant le temple de Notre-Dame. Les Jésuites eux-mêmes, qui avaient sollicité sa condamnation, furent attendris, et firent changer la peine des galères en celle d'une prison perpétuelle. Le malheureux théologal mourut dans les prisons de Nantes en 1692. Il est auteur, 1.° de l'*Echelle du cloître*; 2.° des *Avantages de l'église sur les Calvinistes*; 3.° de l'*Evangile nouveau du cardinal Pallavicini*; 4.° de l'*Hérésie de la domination épiscopale*; 5.° de l'*Evêque de Cour*, et *d'un grand nombre de Mémoires tant imprimés que manuscrits*. M. Desnos conserve en manuscrit plusieurs requêtes de Jean le Noir, une lettre à M. de la Reinie, extrêmement curieuse, écrite de sa propre main, et sa vie, par Nicolas Bordin, chanoine de Seès, son ami. On voit son portrait dans un des cabinets de la bibliothèque.

Gregoire MOREL, docteur en théologie, né à Alençon en 1664, fut vicaire de Saint-Médard, à Paris, et contracta une étroite amitié avec Nicole et les autres savans de Port-Royal. Revenu dans sa patrie, il fut nommé curé d'Alençon par l'abbé de Lonlay; mais madame de Guise, à l'instigation des Jésuites, fit nommer Pierre Bélard à sa place. Morel fut ensuite nommé à la cure de Saint-Germain-le-Vasson, diocèse de Bayeux, qu'il desservit pendant quarante-six ans. Il fut l'ami de MM. de Nesmond et de Lorraine, évêques de Bayeux, quoiqu'il ait toujours montré la plus grande opposition à la bulle *Unigenitus*. Il est auteur, 1.° de l'*Abrégé des devoirs du Chrétien*;

2.° d'une *Lettre à M. de Noailles, archevêque de Paris, sur les matières de la grace;* il a eu part aux *Décisions des quatre docteurs de Sorbonne, au sujet d'un cas de conscience,* et à plusieurs autres ouvrages en faveur de son parti.

N. Roslin, né à Alençon, se fit prêtre, manifesta la plus grande opposition à la bulle *Unigenitus*, et présenta, le 2 mai 1721, à la Sorbonne assemblée, un écrit intitulé : *Principes dangereux et erronés, contenus dans la quatrième instruction pastorale de M. Languet*. Il mourut à Paris en 1742.

N. Hébert, né à Alençon, embrassa l'état ecclésiastique, reçut l'ordre de la prêtrise, ne voulut jamais recevoir la bulle *Unigenitus*, qu'il regardait comme un scandale dans l'église, et éprouva à cette occasion d'étranges persécutions.

N. Farcy, docteur en théologie, protonotaire du saint-siége, archidiacre de Seès, naquit à Alençon, et publia, en 1735 et en 1736, deux écrits, dans lesquels il expose ses sentimens contre la bulle, et son attachement au diacre Paris, dont il célèbre les miracles. Il est mort à Paris, à l'âge de quatre-vingts ans, le 24 novembre 1736.

Louis de Boullemer, né à Alençon en 1727, s'est occupé de l'objet le plus important, de notre subsistance; il a publié, en 1772, *un traité sur les blés*, et a laissé plusieurs manuscrits sur la même matière. Ce bon citoyen est mort à Alençon en 1773.

François-Michel Fleuri, curé de Lignières, né à Alençon, ne fit pas de difficulté de faire répondre sa messe par la sœur de son vicaire. Il fut dénoncé à l'évêque du Mans, qui le blâma. Le curé ne persista pas moins dans son système, et publia, en 1778, plusieurs écrits, pour prouver qu'une femme, *au défaut d'homme,* peut répondre la messe. En quoi il n'avait pas de tort. Pendant la révolution, les prêtres cachés n'ont pas fait de difficulté de faire répondre leur messe par des femmes, avec l'approbation des vicaires-généraux.

Charles-Eléonore DUFRICHE-VALAZÉ, né à Alençon en 1751, fut nommé député de l'Orne à la convention nationale, où il déploya beaucoup d'énergie. Il demanda avec instance la punition des assassins du 2 septembre. Le 31 mai, il eut le courage de demander que Henriot, qui avait donné l'ordre de tirer le canon, fût traduit à la barre. Jeté lui-même dans les fers, il couvrit les murs de Paris d'affiches pleines de force et de hardiesse; et le 31 octobre 1793, il fut condamné à mort par le tribunal révolutionnaire. Nouveau Caton, il aima mieux se la donner lui-même, que de la recevoir sur l'échafaud. En retirant de son sein le couteau qu'il y avait enfoncé, il adressa ces dernières paroles à ses assassins : *Lâches brigands, vous n'aurez pas la douce satisfaction de me traîner vivant à l'échafaud; je meurs en homme libre.* Il est auteur de plusieurs ouvrages, 1.° d'un petit conte philosophique, intitulé *le Rêve,* an 1783; 2.° des *Lois pénales,* an 1784, dont Mallet-Dupan, et Coqueley, dans le journal des savans, ont fait le plus grand éloge; 3.° d'un petit ouvrage, intitulé : *A mon fils,* an 1785, dans lequel ce bon père donne des leçons de sagesse à son fils : *Ce sont des conseils que je te donne*, dit-il, *et non pas des ordres ; écoutes-les, mon aimable ami* ; 4.° des *Idées d'un citoyen sur un système possible de finances, par un Alençonnais*, an 1789. Il a laissé plusieurs manuscrits ; un sous le titre de *Cri de l'humanité* ; un autre, sous celui de *Plan d'administration pour une maison de correction* ; tous deux relatifs aux *lois pénales*. On a trouvé dans la fente du mur de son cachot un manuscrit, qui a pour titre : *Défense de Charles-Eléonore Dufriche-Valazé*, dont il ne put faire usage, puisqu'il fut défendu aux accusés de se défendre.

N. VIELH, né à Alençon, où il est mort depuis peu de tems, avait acquis de grandes connaissances dans les finances, et montra aussi, en toutes circonstances, bien de la force et de l'énergie. Il est auteur du *Secret des finances divulgué*. Cet ouvrage lui valut quelque tems de détention à la bastille. Après quoi il fut nommé garde des archives de la compagnie des Indes. Revenu dans sa patrie, il ressentit toutes les secousses de la révolution ; il fut mis au nombre des suspects, jeté dans les prisons d'Alençon, et transféré dans celles de Chartres ; il avait appris à ses dépens à connaître ses semblables, et il écrivait dans l'effusion de son cœur : *Je sais trop ce que valent les hommes, pour chercher à me mêler de leurs affaires.*

Jacques-René HÉBERT, né à Alençon en 1759, fut entraîné à Paris comme beaucoup d'autres jeunes

jeunes gens. Il fit quelques petites pièces pour les petits théâtres, et obtint la place de contrôleur des contremarques, au théâtre des Variétés. Il montra dès le commencement de la révolution beaucoup de patriotisme, et rédigea un journal, sous le nom du Père du Chêne. Son patriotisme lui valut la place de substitut du procureur de la commune de Paris, et ensuite l'échafaud, où il monta le 24 mars 1794, à l'âge d'environ trente-cinq ans.

Louis-Joseph BOURDON, né à Alençon, mort depuis peu de tems, est auteur, 1.° d'un *Projet sur la manière de faire utilement en France le commerce des grains*, an 1785; 2.° de *Lettres sur le pain*, an 1794.

M. LE CONTE-DE-LA-CREPINIÈRE, né à Alençon, a publié, en 1785, *Lettres du Palais royal aux quatre parties du monde*, qu'on a pu faire tenir à leurs adresses sans sortir du palais.

M. Pierre-Nicolas LE CONTE-DE-BETZ, né à Alençon, est auteur d'un petit ouvrage, relatif aux forêts, qui a pour titre : *Opinion sur le danger de l'aliénation des forêts*.

M. DEMÉES, président du tribunal de première instance, né à Alençon, fut député du département de l'Orne à l'assemblée législative, et publia un petit ouvrage qui a pour titre : *Opinion sur l'état actuel du royaume*.

M. DESNOS, membre du conseil des cinq-cents, né à Alençon, a publié différentes *Opinions : sur un projet relatif à la nouvelle comptabilité, sur le département du Léman, sur les sociétés s'occu-*

pant d'objets politiques, sur un projet de loi repressive des délits de la presse. La veille du 18 brumaire, il publia : *Redites sur les effets des taxes arbitraires par rapport à leurs auteurs.*

CHAPITRE XVII.

Historiens et Romanciers.

JE mets au nombre des historiens, non seulement les auteurs qui se sont occupés de l'histoire civile, mais aussi ceux qui se sont occupés de l'histoire naturelle, et même de la géographie. Alençon a a produit en ce genre un assez grand nombre d'auteurs distingués : Thomas CORMIER, René BOUDIER, Dom Louis L'ÉMERAULT, ORPHELIN-CHANFAILLI, Joseph-Jean-Baptiste MALLARD-DE-MALLARVILLE, Jacques-Louis LE NOIR, Pierre-Joseph ODOLANT-DESNOS, Jean LE QUEU, Jacques-Julien HOUTOU-DE-LABILLARDIÈRE, René DUFRICHE-DESGENETTES, et François GODEMER.

Thomas CORMIER, né à Alençon vers l'an 1523, occupa avec distinction les premières charges de la magistrature, et fut député aux états de Blois en 1573. Ayant été déclaré impuissant par l'official, sur la plainte de Marie Jousselin, sa femme, il se remaria à Marthe Biseul, dont il eut quatre enfans. Il est auteur, 1.° de l'*Histoire de Henri II*, imprimée en 1584; 2.° des *Histoires de François II, de Charles IX, et de Henri III*, conservées en manuscrit par M. de Betz. Toutes ces histoires sont écrites en latin.

René BOUDIER, que quelques auteurs font naître à Treilly, près Coutances, est né à Alençon, suivant M. Desnos. Il est auteur, 1.º d'une *Histoire romaine*, imprimée; 2.º d'un *Traité sur les médailles*, et d'un *Abrégé de l'histoire de France*, restés manuscrits. Il faisait aussi des vers. Voici les deux derniers de son épitaphe, très-souvent cités :

>J'étais poëte, historien,
>Et maintenant je ne suis rien.

Dom Louis L'EMERAULT, né à Alençon, fit profession dans l'ordre de Saint Benoît de la congrégation de Saint Maur, qu'il illustra par ses profondes connaissances. Il est auteur, 1.º d'une *Dissertation historique et critique sur l'origine et l'ancienneté de l'abbaye de Saint Bertin*; 2.º de l'*Almanach spirituel*, pour l'année 1750.

Joseph-Jean-Baptiste MALLARD-DE-MALLARVILLE, né en 1692, à Alençon, où il est mort en 1764, a fait une *Histoire de Marguerite de Lorraine, duchesse d'Alençon*, et un *Discours préliminaire sur l'Histoire d'Alençon*, qu'il n'a point publiée.

Jacques-Louis LE NOIR, né à Alençon en 1720, mort en 1792, fit profession à l'abbaye de Saint-Evroult, en 1741; publia un *Mémoire sur le commerce de Rouen*, couronné par l'académie de la même ville, qui le mit au nombre de ses membres. Il employa le loisir de sa longue vie religieuse à faire des recherches sur la Normandie dans toutes les archives, sur-tout à la chambre des comptes de Rouen et à celle de Paris. J'ai vu ce savant bénédictin à l'abbaye de Saint-Germaindes-Prés, où il m'a montré sa *Collection d'actes sur la Normandie*, en 67 volumes *in-folio*, qu'il a vendue, au commencement de la révolution, à M. Dormesson, moyennant une rente viagère de huit cents livres. J'indique ces précieux matériaux à ceux qui voudront donner l'histoire de l'ancienne Normandie. J'avais fait sur quelques manuscrits une histoire de ce pays très-abrégée; mais lorsque j'ai eu connaissance de la grande collection de Dom le Noir, j'ai mieux aimé renfermer mon petit travail, que de donner un squelette d'histoire.

Pierre-Joseph ODOLANT-DESNOS, docteur en médecine, membre de plusieurs académies, secrétaire perpétuel de la société d'agriculture d'Alençon, naquit à Alençon le 21 novembre 1722. Il eut part à la Collection des maladies épidémiques, par Pec-la-Cloture; mais il négligea un peu son état pour se livrer à l'étude de l'histoire. Il a fourni des articles à l'auteur du *Dictionnaire chronologique des baillis de Caen*, au *Dictionnaire du Maine et d'Anjou*, au *Dictionnaire de la noblesse*, au *Dictionnaire des hommes illustres de la France*, par *Chaudon*; à l'*Europe illustrée*, par *Dreux-du-Radier*; aux trois premiers volumes du *Dictionnaire des Gaules et de la France*, par *d'Expilly*; à la *Bibliothèque de la France*, par *Fontète*; à Dom Clément, pour son *Art de vérifier les dates*. Cet auteur infatigable a fait imprimer une *Dissertation sur Serlon*, évêque de Seès, et sur *Raoul Descures*, abbé de Saint Martin; une autre *Dissertation sur les héritiers* de Robert IV; des *Mémoires historiques sur la ville d'Alençon et sur ses seigneurs*, 2 vol. in-8.º Ce savant est mort, la plume à la main, à l'âge de soixante-dix-huit ans, et a laissé en manuscrit une *Dissertation sur le mariage de Radbod, évêque de Seès, et sur les mariages des prêtres dans le douzième siècle ; des Mémoires sur le kaolin et le petunzé d'Alençon*, et une foule immense de Recherches sur la Normandie, le Maine et le Perche.

Jean LE QUEU, né à Alençon, donnait des leçons de géographie dans les maisons religieuses, et a fait imprimer *des Elémens de géographie*, an 1784. Il est mort à Alençon le 25 mars 1793.

M. Jacques-Julien HOUTOU-DE-LABILLARDIÈRE, docteur en médecine, membre de l'institut, né à Alençon, a toujours montré beaucoup de goût pour la botanique, et beaucoup voyagé pour la perfection de cette science. Après avoir parcouru l'Angleterre, gravi les Alpes, il passa dans l'Asie mineure, et gravit le mont Liban, d'où il a rapporté une très-riche collection de plantes. Le gouvernement ayant envoyé à la recherche de M. de la Pérouse, il partit de Brest, comme naturaliste, au mois de septembre 1791, et ne rentra en France qu'au mois de mars 1796. Pendant ce long et pénible voyage, *très-heureux*, dit-il, *de manger quelquefois sa part d'une méchante corneille*, il a parcouru, toujours en herborisant, le pic de Ténériffe, les montagnes voisines du cap de Bonne-Espérance, les terres voisines du cap Diemen, la nouvelle Calédonie, la côte sud-ouest de la Nouvelle-Hollande, et les îles des Amis. Ce grand voyageur a publié, 1.° *Icones plantarum Siriæ* ; 2.° *Relation du voyage à la recherche de la Pérouse*, 2 vol. in-4.°, avec un grand nombre de planches, et plusieurs vocabulaires de langues étrangères.

M. René Dufriche-Desgenettes, docteur en médecine de Montpellier, membre de l'institut, de la société de médecine de Londres, de presque toutes les académies d'Italie, professeur à l'école de médecine de Paris, inspecteur général des hôpitaux militaires de l'Empire, est né à Alençon, et a voyagé pour s'instruire, en Angleterre, en Italie, en Egypte, où il a fait sur lui-même, par amour de l'humanité, les expériences les plus dangereuses. Il est auteur, 1.° de l'*Analyse du système absorbant*; 2.° de la *Description du cours des vaisseaux lymphatiques*; 3.° des *Observations sur l'enseignement de la médecine dans les hôpitaux de Florence*; 4.° de *Réflexions sur l'utilité de l'anatomie artificielle, et sur la collection de Florence*; 5.° de l'*histoire médicale de l'armée d'Orient*; 6.° d'une *Lettre à M. Cuvier, sur les fumigations du gaz acide muriatique oxigéné, suivant la méthode de M. Guiton-de-Morveau*.

M. François Godemer, docteur en médecine, né à Alençon, a publié, en 1805, une *Dissertation sur quelques poisons végétaux*, tant caustiques que stupéfians. Il distingue la belladona, la grande ciguë, l'aconit-napel, la pomme épineuse et le pavot.

Marie-Hortense Desjardins est à-peu-près le

seul auteur d'Alençon qui ait fait des romans. Cette femme, plus connue sous le nom de Villedieu, naquit à Alençon en 1632. Elle lut dans sa jeunesse des romans qui lui donnèrent le goût d'en faire, et elle se rendit à Paris, grand théâtre des auteurs en tout genre. Elle fit de petits romans, qui dégoûtèrent des longs romans ; elle se fit aussi des adorateurs, se livra aux plaisirs, suivit à l'armée un capitaine, nommé de Villedieu, et se donna pour sa femme, dont elle prit le nom. Après la mort de M. de Villedieu, elle épousa M. la Chasse, également marié, qui mourut peu de tems après. Deux fois veuve, sans avoir eu d'époux, elle épousa enfin un de ses cousins, et se retira à Clinchemore, dans le Maine, où elle mourut dans la misère, en 1683. Elle est auteur, 1.º des *Désordres de l'amour ;* 2.º du *Portrait des faiblesses humaines ;* 3.º des *Amours des grands hommes ;* 4.º des *Mémoires du sérail ;* et de plusieurs autres romans, d'un style fort léger, mais qui ne sont remplis que d'amourettes. Les longs romans furent remplacés par les petits romans de madame de Villedieu, qui le sont aujourd'hui par des romans moraux et plus philosophiques.

CHAPITRE XVIII.

Anciens établissemens littéraires.

LES habitans d'Alençon étaient autrefois plus versés dans la connaissance de la langue latine qu'ils ne le sont aujourd'hui, puisque Thomas Cormier écrivait ses histoires en cette langue, et que Jacques d'Arras leur écrivait une lettre en latin, en 1557.

Ce Jacques d'Arras, ainsi nommé parce qu'il était de la ville d'Arras, est le premier maître de latin, à Alençon, qui soit bien connu. Je crois qu'il n'est point hors de propos de le rappeler à la mémoire des habitans d'Alençon. Il fit imprimer, en 1557, une syntaxe latine pour leurs enfans; et voici ce qu'il écrivait aux pères, à cette occasion:

Ad optimos alenconicos cives Jacobi Artesiani alenconicæ scholæ pædagogi epistola.

Quùm non haberem ubi nisi ferarum ritu in abditis spelæis habitarem, parisiorum Lutetiam repetivi, felicioris fortunæ flatum expectans. Ibique cùm per duos annos fuissem, à vobis huc tandem, vestræ juventutis erudiendæ gratiâ, advocatus sum, quam quùm bonarum litterarum studio et flagrare viderem, et vos nullis sumptibus parcere essem expertus, animus profectò noster est inflammatus...... Accipite itaque, cives optimi, nostrum in vestram juventutem impensum laborem.....

Valete, et vestrum alumnum, ut facitis, amate.
E vestro musæo alenconico.

Jacques d'Arras, dans sa syntaxe, a suivi la méthode des grammairiens de ce tems-là, et a fait deux grandes fautes. La première, d'avoir donné les règles de la syntaxe en latin; la seconde, de les avoir mises en vers.

Il divise la syntaxe en simple et figurée. Il traite de la syntaxe simple en dix livres, et dans le onzième et dernier, il traite des différentes figures, qui ont plus de rapport à la rhétorique qu'à la grammaire; il parle du *zeugma*, de l'*antipose*, de la *sinecdoche*, de la *posiopèse*, de l'*anastrophe*, de la *paragoge*, de l'*apocope*, de la *sinalephe*, de la *systole*, et de beaucoup d'autres figures, dont les noms seuls étaient bien capables d'effaroucher la tendre imagination des enfans.

Il paraît que le zèle des habitans d'Alençon, pour l'instruction de leurs enfans, ne dura pas long-tems. Voici ce que leur disait Loisel, avocat général, dans une remontrance qu'il fit à l'échiquier, en 1576.

» Je m'ébahis du peu de soin que vous prenez
» de l'instruction de vos enfans, n'y ayant dans
» toute votre ville, ni colléges, ni écoles d'ins-
» tructions publiques aux bonnes lettres et disci-
» pline, ni une seule boutique de libraire, qui
» vous est grand reproche et vergogne. Votre ville
» n'étant pas du nombre des petites.... Ce qui
» me ferait volontiers monter en la plus haute
» tour, ou clocher de la ville; et là, m'écrier
» de toute ma puissance, afin d'être entendu de
» tous les quartiers de la ville : Que faites-vous,

» habitans d'Alençon ? Vous vous tuez les corps
» et les ames pour amasser du bien à vos enfans
» de toutes parts ; et vous ne pensez nullement
» à ceux pour qui vous les amassez....! Vous
» me direz qu'il faut de la dépense..., des gages
» pour les précepteurs, que vous êtes courts et
» mal garnis en deniers communs en votre hôtel-
» de-ville ; et je vous répondrai en un mot :
» Evertuez-vous, commencez seulement d'y vouloir
» entendre, et vous trouverez aide et secours ».

Les habitans d'Alençon eurent égard à la remontrance de l'avocat général. En 1592, ils constituèrent une somme de six mille livres pour l'instruction de leurs enfans. La rente de six cents livres, au denier dix, fut à-peu-près également partagée entre les professeurs catholiques et protestans ; ce qui prouve qu'alors il y avait au moins la moitié des habitans qui avaient adopté la réforme.

En 1629, les habitans d'Alençon s'adressèrent à Marie de Médicis, duchesse d'Alençon, pour obtenir des Jésuites. C'était le moyen d'avoir de bons maîtres et un beau collège. Ces bons pères commencèrent par s'établir très-modestement dans la rue des Etaux ; mais bientôt ils cherchèrent à s'agrandir, et ils obtinrent de la reine, mère de Louis XIV, l'emplacement du petit parc, avec les matériaux de la démolition du château, pour y bâtir. Une fois établis dans le petit parc, ils sollicitèrent la réunion de la chapelle de Saint Joseph, fondée par Marguerite de Lorraine. Alors ils élevèrent un superbe temple, et ensuite ils bâtirent une très-belle maison, qui était à peine finie, qu'un orage affreux fondit sur la société. L'abbé Chauvelin, conseiller de grand-chambre, tonna contre eux; et le parlement de Paris, qui ne les aimait pas, prononça l'arrêt foudroyant qui les proscrivait.

Si la ville ne regrette point infiniment les Jésuites, qui ont singulièrement persécuté quelques familles protestantes, et quelques pauvres prêtres attachés aux savans de Port-Royal, elle leur doit au moins bien de la reconnaissance, pour la belle maison qu'ils ont laissée, et où ont demeuré de célèbres Jésuites; tels que la Sente, auteur d'un *poëme latin sur le fer*; la Rue, grand prédicateur; d'Avrigny, qui a fait des *Mémoires historiques et chronologiques* si intéressans; et le petit père André, qui a fait l'*Essai sur le beau*.

M. l'abbé de Maisons, conseiller au parlement de Rouen, mit en possession du collége un principal et des prêtres séculiers, et régla le bureau d'administration, qui était composé de M. l'évêque, du lieutenant général, de deux députés, du corps de ville, de deux notables et du principal.

Les tems orageux de la révolution suspendirent l'instruction publique à Alençon, comme par-tout ailleurs; mais lorsqu'on vint à relever une partie des ruines, on y établit une école centrale, dans les bâtimens du collége. Les professeurs étaient, M. Renault, pour l'histoire naturelle; M. Mignon, pour la physique; M. Dguin, pour les mathématiques; M. Belzais-de-Courmesnil, pour la législation; M. Dodieu, pour la littérature; M.

le Roi, pour les langues anciennes; M. Posté, pour l'histoire et la géographie; M. Rouillé, pour la grammaire générale; et M. Fresnais, pour le dessin.

En 1762, on établit à Alençon une société royale d'agriculture, qui a été supprimée pendant la révolution. M. Desnos, dont nous avons parlé au chapitre des historiens d'Alençon, en était secrétaire perpétuel. M. Colombet, né à Alençon, docteur de Sorbonne, curé de Saint-Denis, mort depuis peu à Alençon, était un des principaux membres de cette société; il distribuait tous les ans, aux habitans de sa paroisse, des prix dans chaque branche d'agriculture. M. Lautour, membre distingué de cette société, a fourni des Mémoires sur l'espèce de mouton *bosquin*, qui est très-petit, et que je crois dégénéré.

CHAPITRE XIX.

Nouveaux établissemens littéraires.

LE gouvernement ayant supprimé les écoles centrales, et établi à la place les lycées et les écoles secondaires, on a établi à Alençon une école secondaire communale.

L'école centrale pouvait former des métaphysiciens et des savans; mais on avait trop négligé l'étude de la langue latine. Un seul professeur de langues étrangères ne suffisait pas. La méthode d'enseignement de l'école secondaire est beaucoup plus appropriée à l'intelligence des enfans et aux besoins de la société.

L'inauguration solennelle de cette école a eu lieu le 20 février 1804, en présence du préfet et des autorités constituées. Les classes ont ouvert le lendemain. Ces classes sont divisées de la manière prescrite par le gouvernement. Quatre professeurs, y compris celui des belles-lettres, enseignent les langues latine et française, et deux professeurs enseignent les mathématiques.

M. Mars, procureur impérial près le tribunal de première instance, est directeur de l'école; et on a pris tous les professeurs, à la réserve de celui des 5.e et 6.e classes de latin, parmi les professeurs de l'école centrale. Le bureau est composé de MM. Lamagdelaine, préfet du département; Savary, maire; Demées, président du tribunal de première instance; Druet-Desvaux, inspecteur des forêts; Quilhet, juge de paix; et Mars, procureur impérial et directeur. Le 31 août dernier, lors de la distribution solennelle des prix, M. Mars a fait un beau discours sur la méthode de l'enseignement actuel, et a rendu aux savans de Port-Royal la justice qu'ils méritent bien, pour avoir les premiers abandonné la vieille routine, et inspiré le goût des bonnes études.

L'école secondaire communale d'Alençon renferme dans son enceinte une bibliothèque, un cabinet de physique, un cabinet d'histoire naturelle, et un jardin botanique.

On a coupé horizontalement le beau temple des Jésuites. Dans le bas on a formé une salle d'exercices, qui sert aussi pour les concerts et pour les bals, et dans le haut on a établi la bibliothèque. L'appartement, long de 26 mètres (13 toises 2 pieds), et large de 7 mètres (3 toises 3 pieds 6 pouces), est magnifique. On y entre par un vestibule décoré de deux colonnes de marbre noir, de la hauteur de 6 mètres (3 toises 5 pouces), et de deux tableaux, l'un représentant le mariage de la Vierge, et l'autre, la présentation au temple. Le mariage de la Vierge, par Jouvenet, est un fort beau tableau ; mais les mains du grand prêtre et de la Vierge ne sont pas bonnes, et les couleurs sont un peu ternies. Dans la présentation au temple, les têtes de Saint Joseph et de deux vieillards sont fort bonnes ; mais les figures sont un peu colossales, et l'enfant Jésus est trop rouge.

En entrant dans la bibliothèque, on trouve aux deux côtés de la belle salle qui renferme les livres, deux cabinets où sont renfermés quelques tableaux. Dans le cabinet à droite, on voit Saint François d'Assise, par Dumont le Romain, dont l'attitude est fort bonne ; Rotrou, comte du Perche, par Jollain, montrant un plan du Val-Dieu ; Pierre II d'Alençon, avec sa fille, par le même, montrant d'une main à sa fille le Val-Dieu, et de l'autre, les bois. Dans le cabinet à gauche, on voit Saint Charles Borromée, communiant un pestiféré, par Restout. L'attitude est fort bonne ; mais le coloris est un peu terne ; une Assomption ; le regard de la Vierge est expressif ; un groupe prodigieux d'anges de taille différente environnent le nuage ; les plus grands sont à la base, et les plus petits, au sommet. On y voit aussi quelques portraits ; mais on distingue ceux du fameux abbé le Noir, et du caustique Rabelais.

Les livres sont renfermés dans vingt-six belles armoires du plus beau bois et du travail le plus fini. Ces armoires sont surmontées d'un bel entablement, trop chargé de sculpture, et qui porte sur sa corniche une balustre bien simple, bien légère, qui contraste singulièrement avec le reste.

Ces livres sont provenus des bibliothèques des Jésuites, du Val-Dieu, de la Trappe, de Saint Evroult, de Saint Martin de Seès et de Silly. On trouve conséquemment les différentes polyglottes, les nombreux commentateurs de la bible, les pères de l'église, les canonistes, tous les historiens sacrés et profanes ; mais on trouve peu d'artistes, peu de poëtes, et encore moins de philosophes. Ces livres ont été classés par M. Dubois, très-habile bibliographe, suivant les nouveaux systèmes, qu'il a rectifiés et complétés.

La bibliothèque renferme encore dans de petites armoires quelques manuscrits, quelques gravures et quelques médailles. Les manuscrits consistent dans l'Histoire ecclésiastique d'Orderic Vital, plusieurs Cartulaires et un grand nombre de Commentaires sur l'écriture sainte. On trouve dans les gravures les hommes illustres de France, par Perrault; l'Histoire de Jésus-Christ, et la Description des plantes nouvelles du jardin de Cels, par Ventenat. On distingue, dans la très-petite collection de médailles, celles d'Auguste, de Claude, de Néron, de Marc-Aurele, d'Antonin et de Constantin.

Les superbes armoires du Val-Dieu décorent la bibliothèque. D'autres armoires, aussi délicatement travaillées, et provenues de la même maison, décorent le cabinet de physique. Ce magnifique cabinet doit beaucoup à M. Mignon, très-habile physicien. Il renferme les principales machines, et les instrumens nécessaires, concernant l'hydraulique, la statique, la chimie pneumatique, l'optique, l'astronomie, la gnomonique, l'électricité, le magnétisme et le galvanisme.

Ce pays est fort riche en histoire naturelle. Par-tout on marche sur des pétrifications calcaires et *siliceuses*. Dans la paroisse du Chevain, sous une couche très-mince de *humus*, on croit trouver le pur sol de l'ancienne mer, tapissé de coquillages. J'ai ramassé dernièrement, sur le bord d'un fossé, qui n'a de profondeur que 5 décimètres (16 pouces), plusieurs morceaux pétrifiés, un fragment de souche de saule, un tronçon de queue de crocodile, qui a de longueur 5 décimètres (16 pouces), et autant de circonférence; un os vertébral, qui a de circonférence 5 décimètres (16 pouces), qui a appartenu à un très-gros poisson; et un morceau de fer ouvragé, enclavé dans une réunion de coquilles. On est porté à croire qu'un fleuve a charié la souche, que le crocodile a rampé jadis alternativement sur la butte de Chaumont, qui formait une île, et dans le fond des eaux dont la campagne était couverte (*);

(*) *Nos continens*, dit le célèbre père Cotte, oratorien, *ont été un fond de mer, sur lequel se passait tout ce qui se passe sur le fond de la mer actuelle.*

et

et que le morceau de fer n'est qu'un débris d'un vaisseau qui voguait sur la surface. M. Martin, qui a réuni dans son jardin les plus belles plantes indigènes et exotiques, a commencé par faire faire les portes des armoires de son cabinet d'histoire naturelle, d'une poutre de chêne trouvée sous la Briante, et qui a pris en terre une très-belle couleur noire; il ne manquera surement pas d'y réunir les nombreuses pétrifications d'Alençon.

Le cabinet d'histoire naturelle de l'école secondaire en renferme un grand nombre, et ne les renferme pas toutes. M. Renault y a réuni tous les minéraux du département de l'Orne; mais le reste ne répond pas. La partie des insectes, si brillante dans quelques cabinets, y est absolument nulle. Les oiseaux, qui dans d'autres cabinets attirent le spectateur par le reflet de leurs plumes, l'attitude qui peint leur naturel, et l'air de vie qu'ils respirent, ne sont plus que des cadavres amoncelés qui attristent. Le petit nombre de quadrupèdes, dévorés par les teignes et qui paraissent éprouver une seconde mort, affligent encore davantage l'imagination.

Le jardin botanique inspire des idées beaucoup plus riantes. On voit d'un côté la belle façade du collége, le temple bâti par les Jésuites, sous la forme singulière d'un vaisseau renversé; et de l'autre, une magnifique prairie, terminée dans le lointain par la majestueuse butte de Chaumont.

Ce jardin est fort grand. On pourrait y réunir toutes les plantes dans le terrain qui leur convient; celles de montagnes, dans la partie haute, dont le terroir est sec; celles de campagne, au-dessous; celles de marais, sur le bord de la Briante; et celles purement aquatiques, dans la Briante même, et dans les fossés qui y communiquent.

Comme ce jardin n'est formé que depuis environ six ans, il ne peut encore renfermer ces beaux conifères qui sont le produit des siècles; mais au reste toutes les plantes qui y sont réunies, sont bien entretenues, bien soignées, et classées suivant les nouveaux systèmes. On pourrait blâmer la division des planches beaucoup trop nombreuses, dans lesquelles on risque de s'égarer quand on veut suivre les ordres. La division en cent planches, autant à-peu-près qu'il y a d'ordres, serait bonne, si chaque planche contenait un ordre; mais c'est ce qui est impossible, puisqu'il y a des ordres qui ne renferment qu'une ou deux espèces, et qu'il y en a qui en renferment soixante, quatre-vingts et même plus de cent.

M. Renault a donné la Flore de l'Orne, an 1804; et, comme les autres auteurs de Flores, il a réuni les plantes étrangères; ce qui met une grande confusion dans la botanique. Les auteurs de Flores devraient faire comme les géographes, qui, en levant la carte d'un pays, n'y mettent pas l'univers. Des cartes particulières on forme la Mappemonde, et des Flores particulières on formerait la Flore universelle.

Il y avait à Alençon une société d'agriculture, uniquement bornée à cette partie; mais qui avait au moins un objet déterminé. On a créé à la place une société d'émulation, dont le nom trèsinsignifiant et beaucoup trop générique, n'offre plus rien de fixe. Cette société est comme dissoute aujourd'hui par l'absence de plusieurs de ses membres, et paraît menacer ruine, à moins que le sénateur Rœderer, qui cultive et protège les lettres, ne la rétablisse.

CHAPITRE XX.

Commerce.

Il y avait jadis cinq foires à Alençon. 1.° Celle de la Chandeleur, la plus considérable pour les chevaux ; 2.° celle du Grand-Lundi, la plus ancienne ; 3.° celle de la Mi-Carême ; 4.° celle de la Nativité de la Vierge ; 5.° celle de Saint Mathieu. On a diminué le nombre des foires, et augmenté le nombre des jours de chaque foire ; mais on a perdu d'un côté, et on n'a rien gagné de l'autre. Il n'y a plus que trois foires. 1.° Le 23 pluviôse, dure dix jours ; 2.° le 9 germinal, dure six jours ; 3.° le 15 fructidor, dure sept jours. On vient de supprimer les dates de ces nouvelles foires ; et il faut espérer qu'en rétablissant les anciennes dates, on rétablira aussi les anciennes foires. Il y a trois marchés par semaine, les lundi, jeudi et samedi. Le marché du jeudi est plus fort que les deux autres, et celui du premier jeudi de chaque mois est le plus fort de tous.

Le commerce d'Alençon était beaucoup plus florissant avant la révocation de l'édit de Nantes, puisqu'on y fabriquait, suivant le tarif de l'an 1658, des draps, des étamines en laine et soie; des droguets et des serges qui ne s'y fabriquent plus aujourd'hui.

Le principal commerce consiste dans le pain, les grains, les fruits, les cuirs, la poterie, les toiles, les basins, les bougrans, les diamans et la dentelle.

Je ne parle point d'une branche de commerce journalière et très-lucrative pour Alençon; ce sont les étrangers, les voyageurs, qui vont, viennent, passent et circulent. Les communications de Paris avec Brest et les départemens de la Bretagne; les rapports commerciaux des départemens du Maine et de l'Anjou avec les départemens de l'ancienne Normandie, excitent un mouvement extraordinaire, occasionnent des dépenses, une grande consommation, et versent beaucoup d'argent dans la ville, qui contient au moins cent auberges ou cabarets, pour la commodité des habitans et des étrangers.

J'ai fait entrer le pain dans le commerce d'Alençon, non pas celui qui se fait pour la consommation de la ville; mais celui qu'on en exporte journellement dans les campagnes qui environnent Alençon, sur-tout dans celles qui avoisinent les forêts, où l'on ne mange qu'un pain très-grossier. La boulangerie d'Alençon fournit dans ces campagnes le pain des personnes riches et aisées, des enfans, des vieillards et des malades. On en transporte aussi jusqu'à 5 myriamètres (25662 toises), dans le Maine et dans le *pays bocage*. Comme on ne récolte dans ces pays que du seigle et du sarrasin, on n'y fait point de pain blanc; c'est la boulangerie d'Alençon qui fournit les particuliers, les marchands et tous les cabarets. Aussi les boulangers sont très-multipliés à Alençon, et il en est qui cuisent jusqu'à quatre et cinq fois par jour. Quarante-un fours sont toujours brûlans, et il y a tel boulanger qui exporte deux cents charretées de pain par an.

Après le commerce du pain, on peut parler d'un commerce nouveau, qui vient de s'établir dans toutes les villes, et qui est très-important sous plusieurs rapports. Les sens étaient quelquefois désagréablement affectés, sur-tout dans quelques rues peu fréquentées. L'intérêt vient d'opérer ce que la police la plus vigilante ne pouvait obtenir. Dès le matin des personnes empressées ramassent avec le plus grand soin l'objet qui choquait les regards, et se le disputent quelquefois. On convertit en poudre ces viles matières. On les sème dans les terres froides. La nature, qui détruit tous les êtres organisés et qui les revivifie dans son vaste laboratoire chimique, nous les représente sous un nouvel aspect; et ce qui était sorti de nos tables sous des formes dégoûtantes, y reparaît sous les formes les plus attrayantes, pour exciter notre appétit.

Ce commerce n'est malheureusement point assez en vigueur à Alençon. On y néglige un trésor plus précieux que les diamans. Dans les plus beaux quartiers de la ville, jusque dans les promenades publiques, il faut détourner ses regards, sans pouvoir cependant éviter les gaz répandus dans l'atmosphère.

Comme il se vend beaucoup de pain à Alençon, le commerce des grains doit y être considérable, et il l'est d'autant plus que plusieurs campagnes viennent s'y approvisionner, et qu'un grand nombre de blatiers les transportent dans d'autres endroits. Pour ce commerce, le plus important de tous, on a élevé des halles dans les plus petits bourgs, et il y en avait autrefois deux à Alençon. Aujourd'hui il n'y en a plus du tout. C'est au milieu de la rue du Jeudi qu'on étale, quelquefois dans la neige et dans la boue, la plus précieuse des marchandises. Lorsqu'il survient une averse, le vendeur et l'acheteur se sauvent où ils peuvent ; mais les sacs, qu'on ne remue point aisément, et qu'on ne sait où transporter, la reçoivent toute entière. La ville a enfin senti le besoin d'avoir une halle, et l'on va commencer à en élever une magnifique, dans un beau quartier, sur l'emplacement du couvent des Filles-Notre-Dame.

Il est une branche de commerce, qui n'est pas très-brillante, mais qui ne laisse pas d'être importante par la grande consommation, l'échange de la petite monnaie, et les transports considérables qui s'en font. Ce sont les fruits qu'on importe du département de la Sarthe à Alençon, dont une partie est consommée dans la ville, et l'autre exportée dans les environs, quelquefois jusqu'à Caen. Ces denrées sont les pois verts, les haricots secs, les cerises, prunes, poires, pommes, noix et marrons. Le commerce en gros se fait aux Etaux. Celui en détail, dans toutes les rues, à tous les carrefours, et sur-tout sur la place de Lamagdelaine.

Le commerce des gros et menus cuirs était plus considérable autrefois qu'il ne l'est aujourd'hui. Les différens droits qu'on avait imposés sur cette partie, l'avaient considérablement diminué. La suppression de ces droits ne lui a pas rendu sa vigueur; c'est dans la rue aux Cieux que les tanneries sont établies.

Les vases de terre cuite remontent à la plus haute antiquité. Homere parle de la roue du potier, dont l'invention se perd dans la nuit des tems. Il y a fort long-tems qu'on fabrique de la poterie à Alençon. Deux rues dans le cœur de la ville en portent le nom. Six manufactures sont en pleine activité. Trois dans l'intérieur, et trois dans les faubourgs; mais il est étonnant que le pays, qui possède le *kaolin* et le *petunzé*, n'ait point de poterie plus belle et plus élégante. Les ouvriers ont une routine dont ils ne s'écartent jamais. Lorsqu'on pourrait faire des vases de porcelaine, on ne fabrique qu'une poterie très-grossière, des plats, des casses, des cuvettes, et des chauffepieds pour les femmes, qui, par le grand usage qu'elles en font, altèrent souvent leur santé.

On fabrique depuis long-tems des toiles de chanvre à Alençon. Ce commerce est de tous le plus commode et le plus avantageux. Le pauvre campagnard consacre auprès de sa maison un petit coin de terre pour la récolte du chanvre. Au milieu du tracas du ménage, la femme la plus occupée trouve encore le moyen de filer, quelquefois un enfant sur ses genoux ; et pendant l'hiver, le mari tisse le fil dans sa cave, à l'abri des rigueurs de la saison. On dit pourtant que cette branche de commerce, si utile, est bien tombée à Alençon ; que les toiles n'ont plus la même qualité, et que beaucoup d'ouvriers sont allés s'établir ailleurs, même jusqu'à Strasbourg.

Le pays, qui a produit Neuton, a produit aussi les meilleurs artistes. Nous avons volé aux Anglais le métier à faire des bas, et nous avons emprunté d'eux la manière de fabriquer le basin. On en fabrique à Rouen et à Troye, depuis l'an 1580 ; mais cette fabrique vient de s'établir à Alençon. Elle est moins avantageuse que la fabrique des toiles, en ce qu'on tire les matières premières de l'étranger, que le filage s'opère par le moyen des mécaniques, et qu'on emploie moins de bras ; mais elle l'est plus, en ce que les métiers tiennent moins de place, que les tisserands ont moins de mal, et que les femmes peuvent tisser. Dans ce moment ici la manufacture de basin occupe plus de trois cents ouvriers, et rend un grand service à la ville ; elle augmente journellement, et l'on prépare les bâtimens des Bénédictines de Monsort pour recevoir des ouvriers.

Les vieux linges, qu'on ne destine point encore à la manufacture de papier, servent à faire les bougrans. L'usage du bougran était beaucoup plus commun autrefois qu'il ne l'est aujourd'hui, et il y en avait des manufactures établies à Alençon depuis fort long-tems, puisqu'il en est fait mention dans le tarif de l'an 1658. Il en existe aujourd'hui une très-belle sur la place de l'Egalité.

Les diamans d'Alençon ont plus de réputation que de valeur. Ce ne sont point des diamans. Ce ne sont que des cristallisations, de couleur enfumée, qu'on trouve dans les carrières de granit, sur-tout dans celles de Hertré. On a trouvé le moyen de les blanchir, et les orfèvres d'Alençon les mettent proprement en œuvre, et il s'en fait un assez bon commerce.

Le plus considérable commerce d'Alençon est celui des dentelles, connues sous le nom de Point d'Alençon. Cette manufacture est établie à Alençon depuis l'an 1675. On était obligé de faire venir des dentelles de Malines et de Venise. Le grand Colbert forma le projet d'en établir une manufacture en France. Il s'adressa à une dame Gilbert d'Alençon, qui savait faire le point de Venise, et lui fit une avance de cent cinquante mille francs. La dame Gilbert fit faire de la dentelle, qu'elle présenta à la cour. Le roi daigna en faire l'éloge. Toutes les dames en portèrent; et la manufacture d'Alençon fit tomber en France les dentelles de Venise. La dentelle d'Alençon est très-recherchée en Allemagne. On vient d'annoncer que les fabricans de dentelles d'Alençon ont fait de très-bonnes affaires à la dernière foire de Leipsick.

Quelques casuistes ont mis en question, s'il était permis de s'occuper de cet objet de luxe, et de faire de la dentelle. Ils se sont heureusement décidés pour l'affirmative. Les femmes d'Alençon et de plusieurs villages voisins font de la dentelle, y gagnent leur vie, celle de leurs enfans, et quelquefois celle de leurs maris.

Il est un inconvénient plus grand que celui des casuistes; c'est que, de même que les hommes, ensevelis dans leurs caves, risquent beaucoup de perdre les formes musculeuses qui les caractérisent, et la belle carnation qui annonce la vie; les femmes, qui usent leurs yeux sur la *bride* et la *brode*, et encore plus sur les *modes* et le *rempli*, risquent aussi beaucoup de n'avoir plus dans leurs regards l'expression touchante de la douceur et de la sensibilité, qui conviennent si bien à leur sexe.

FIN.

TABLE.

LIVRE PREMIER. *Position d'Alençon.*

Chapitre I. *La Ville d'Alençon est assise sur la Sarthe.* Pag. 3.
— II. *La Ville d'Alençon n'est pas fort ancienne.* 5.
— III. *Granit, premier sol d'Alençon.* 7.
— IV. *Poudingues et granitin, second sol d'Alençon.* 9.
— V. *Pierres calcaires, troisième sol d'Alençon.* 10.
— VI. *Sables et glaises, quatrième sol d'Alençon.* 11.
— VII. *Terres végétales, cinquième sol d'Alençon.* 12.
— VIII. *Les eaux d'Alençon.* 13.
— IX. *Végétaux d'Alençon.* 15.
— X. *Animaux d'Alençon.* 16.
— XI. *Premiers habitans d'Alençon.* 19.
— XII. *Faibles commencemens de la Ville d'Alençon.* 21.

LIVRE II. *Seigneurs d'Alençon, de la maison de Bellême.*

Chap. I. *Yves de Bellême.* 23.
— II. *Guillaume Talvas I.* 24.
— III. *Robert I.* 27.
— IV. *Guillaume Talvas II.* 28.

Chap. V. *Geoffroy Martel se rend maître d'Alençon.* Pag. 31.
—— VI. *Arnulphe.* 34.
LIVRE III. *Seigneurs d'Alençon, de la maison de Montgommery.*
Chap. I. *Roger de Montgommery.* 35.
—— II. *Roger de Montgommery passe en Angleterre.* 38.
—— III. *Robert de Montgommery II.* 43.
—— IV. *Robert de Montgommery prisonnier au château de Falaise.* 46.
—— V. *Robert de Montgommery sort de prison, et se venge de ses ennemis.* 47.
—— VI. *Robert de Montgommery a de grandes contestations avec les ecclésiastiques.* 49.
—— VII. *Robert de Montgommery général de Guillaume, roi d'Angleterre.* 52.
—— VIII. *Robert de Montgommery s'unit au duc Robert, pour le faire monter sur le trône d'Angleterre.* 54.
—— IX. *Robert de Montgommery entre en guerre avec le roi d'Angleterre.* 56.
—— X. *Robert de Montgommery entre en guerre avec le duc Robert.* 58.
—— XI. *Robert de Montgommery fait la guerre au comte de Mortagne, et est excommunié.* 59.
—— XII. *Robert de Montgommery commande l'arrière-garde à la bataille de Tinchebray.* 61.
—— XIII. *Robert de Montgommery fait sa paix avec Henri, entre en guerre de nouveau avec le comte de Mortagne, et de nouveau est excommunié.* 63.

Chap. XIV. *Robert de Montgommery est envoyé en ambassade vers Henri, et est fait prisonnier.* Pag. 64.
— XV. *Guillaume III.* 66.
— XVI. *Guillaume III prend le parti du comte d'Anjou, et perd ses domaines.* 68.
— XVII. *Guillaume rentre dans ses domaines, et continue de suivre le parti du comte d'Anjou.* 69.
— XVIII. *Guillaume part pour la Croisade.* 70.
— XIX. *Jean I.* 71.
— XX. *Robert III.* 73.

LIVRE IV. *Seigneurs d'Alençon, de la maison royale de France.*

Chap. I. *Pierre I, comte d'Alençon.* 77.
— II. *Charles I.* 79.
— III. *Charles II.* 83.
— IV. *Charles III.* 85.
— V. *Charles prend l'habit de Dominicain.* 87.
— VI. *Pierre II.* 88.
— VII. *Jean II.* 94.
— VIII. *Jean III.* 96.
— IX. *Le duc Jean présente à Charles VII une fille extraordinaire, connue sous le nom de Pucelle d'Orléans.* 100.
— X. *Le duc d'Alençon rentre dans ses possessions.* 104.
— XI. *Le duc d'Alençon accusé de conspiration.* 106.
— XII. *Le duc d'Alençon, Jean III, condamné à mort.* 109.

Chap. XIII. *Le duc Jean recouvre la liberté, conspire de nouveau, et de nouveau est condamné à mort.* Pag. 112.
— XIV. *René, duc d'Alençon.* 116.
— XV. *Le duc René condamné à une prison perpétuelle.* 119.
— XVI. *René recouvre la liberté.* 120.
— XVII. *Marguerite de Lorraine épouse de René.* 123.
— XVIII. *Charles IV duc d'Alençon.* 126.
— XIX. *Marguerite de Valois, reine de Navarre, duchesse d'Alençon.* 130.
— XX. *Catherine de Médicis, duchesse d'Alençon.* 135.
— XXI. *François, duc d'Alençon.* 138.
— XXII. *François quitte la cour, et se retire à Alençon.* 141.
— XXIII. *Le duc d'Alençon, nommé duc de Brabant, meurt à Château-Thierry.* 144.
— XXIV. *Le duché d'Alençon réuni à la couronne.* 146.
— XXV. *Marie de Médicis, duchesse d'Alençon.* 149.
— XXVI. *Gaston, frère de Louis XIII, duc d'Alençon.* 150.
— XXVII. *Madame de Guise, duchesse d'Alençon.* 152.
— XXVIII. *Louis-Stanislas-Xavier de France, dernier duc d'Alençon.* 156.

LIVRE V. *Description d'Alençon.*

Chap. I. *Environs.* 157.
— II. *Population.* 162.

Chap. III. *Ponts.* Pag. 165.
— IV. *Places publiques.* 166.
— V. *Rues.* 169.
— VI. *Promenades.* 173.
— VII. *Anciens établissemens religieux.* 175.
— VIII. *Temple de Notre-Dame.* 180.
— IX. *Temple de Saint Léonard.* 186.
— X. *Temple de Saint Pierre de Monsort.* 188.
— XI. *Hospice.* 189.
— XII. *Etablissemens civils.* 192.
— XIII. *Hommes de lettres.* 195.
— XIV. *Poëtes.* 197.
— XV. *Auteurs mystiques.* 201.
— XVI. *Auteurs polémiques.* 203.
— XVII. *Historiens et Romanciers.* 210.
— XVIII. *Anciens établissemens littéraires.* 216.
— XIX. *Nouveaux établissemens littéraires.* 220.
— XX. *Commerce.* 227.

ERRATA.

Pag. 29, ligne 12, Mortagne, *lisez* Montaigu.
Pag. 59, lig. 9, Couversane, *lisez* Conversane.
Pag. 190, ligne 9, gauche, *lisez* droite.

www.ingramcontent.com/pod-product-compliance
Lightning Source LLC
Chambersburg PA
CBHW070532170426
43200CB00011B/2403